华东政法大学65周年校庆文丛

飞盘运动

贾立强 / 著

社会科学文献出版社
SOCIAL SCIENCES ACADEMIC PRESS (CHINA)

本书为2016年上海市学校体育科研项目（项目编号：A-4908-16-00703）成果

崛起、奋进与辉煌

——华东政法大学 65 周年校庆文丛总序

2017 年，是华东政法大学 65 华诞。65 年来，华政人秉持着"逆境中崛起，忧患中奋进，辉煌中卓越"的精神，菁莪造士，棫朴作人。学校始终坚持将学术研究与育人、育德相结合，为全面推进依法治国做出了巨大的贡献，为国家、社会培养和输送了大量法治人才。一代代华政学子自强不息，青蓝相接，成为社会的中坚、事业的巨擘、国家的栋梁，为社会主义现代化和法治国家建设不断添砖加瓦。

65 年栉风沐雨，华政洗尽铅华，砥砺前行。1952 年，华政在原圣约翰大学、复旦大学、南京大学、东吴大学、厦门大学、沪江大学、安徽大学、上海学院、震旦大学 9 所院校的法律系、政治系和社会系的基础上组建而成。历经 65 年的沧桑变革与辛勤耕耘，华政现已发展成为一所以法学为主，兼有政治学、经济学、管理学、文学、工学等学科的办学特色鲜明的多科性大学，人才培养硕果累累，科研事业蒸蒸日上，课程教学、实践教学步步登高，国际交流与社会合作事业欣欣向荣，国家级项目、高质量论文等科研成果数量长居全国政法院校前列，被誉为法学教育的"东方明珠"。

登高望远，脚踏实地。站在新的起点上，学校进一步贯彻落实"以人为本，依法治校，质量为先，特色兴校"的办学理念，秉持"立德树人，德法兼修"的人才培养目标，努力形成"三全育人"的培养管理格局，培养更多应用型、复合型、高素质的创新人才，为全力推进法治中国建设和高等教育改革做出新的贡献！

革故鼎新，继往开来。65 周年校庆既是华东政法大学发展史上的重要里程碑，也是迈向新征程、开创新辉煌的重要机遇。当前华政正抢抓国家"双一流"建设的战略机遇，深度聚焦学校"十三五"规划目标，紧紧围绕学校综合改革"四梁八柱"整体布局，坚持"开门办学、开放办学、创新办学"发展理念，深化"教学立校、学术兴校、人才强校"发展模式，构建"法科一流、多科融合"发展格局，深入实施"两基地（高端法律及法学相关学科人才培养基地、法学及相关学科的研究基地）、两中心（中外法律文献中心、中国法治战略研究中心）、一平台（'互联网＋法律'大数据平台）"发展战略，进一步夯实基础、深化特色、提升实力。同时，华政正着力推进"两院两部一市"共建项目，力争到本世纪中叶，把学校建设成为一所"国际知名、国内领先，法科一流、多科融合，特色鲜明、创新发展，推动法治文明进步的高水平应用研究型大学和令人向往的高雅学府"。

薪火相传，生生不息。65 周年校庆既是对辉煌历史的回望、检阅，也是对崭新篇章的伏笔、铺陈。在饱览华政园风姿绰约、恢弘大气景观的同时，我们始终不会忘却风雨兼程、踏实肯干的"帐篷精神"。近些年来，学校的国家社科基金法学类课题立项数持续名列全国第一，国家社科基金重大项目和教育部重大项目取得历史性突破，主要核心期刊发文量多年位居前茅。据中国法学创新网发布的最新法学各学科的十强排名，学校在法理学和国际法学两个领域排名居全国第一。当然我们深知，办学治校犹如逆水行舟，机遇与挑战并存，雄关漫道，吾辈唯有勠力同心。

为迎接 65 周年校庆，进一步提升华政的学术影响力、贡献力，学校研究决定启动 65 周年校庆文丛出版工作，在全校范围内遴选优秀学术成果，集结成书出版。文丛不仅囊括了近年来华政法学、政治学、经济学、管理学、文学等学科的优秀学术成果，也包含了华政知名学者的个人论文集。这样的安排，既是对华政 65 华诞的献礼，也是向广大教职员工长期以来为学校发展做出极大贡献的致敬。

65 芳华，荣耀秋菊，华茂春松，似惊鸿一瞥，更如流风回雪。衷心祝愿华政铸就更灿烂的辉煌，衷心希望华政人做出更杰出的贡献。

华东政法大学 65 周年校庆文丛编委会

2017 年 7 月

前　言

　　飞盘运动是一种投掷圆形器具的运动，首先在 20 世纪 40 年代的美国出现，后流行于世界各地。飞盘运动经过数十年的发展，已形成十余种竞赛项目。在飞盘的诸多项目中，最受玩盘者欢迎的竞赛主要有三种：飞盘争夺赛、飞盘高尔夫、飞盘自由花式。飞盘运动有许多锻炼价值。首先，可以锻炼力量。足够大的臂力是将飞盘反复抛出的首要条件，在你抛飞盘的过程中，一定会感觉到微微的肌肉酸痛。其次，可以锻炼大脑。当你确定要把飞盘抛向目标时，首先要目测距离，然后反映到大脑，再由这一中枢系统指挥人的臂力，以使飞盘准确到达目的地。最后，可以锻炼灵敏性。飞盘不可能每次百分之百地到达目的地，所以就要求你或跑，或跳，或扑，采用各种动作把飞盘抓住，这些灵敏的动作是在小脑的支配下完成的，能锻炼你的平衡能力。

　　极限飞盘与飞盘高尔夫都是飞盘运动的一个分支，风靡于西方欧美国家，从第一个馅饼锡盘出现在耶鲁大学的校园，到 1950 年极限飞盘第一次成为全美国运动器材销量冠军，再到 2001 年世界运动会将极限飞盘列为正式比赛项目，极限飞盘作为最年轻的运动项目以独特的精神与乐趣吸引着全世界一批又一批的飞盘爱好者加入这项运动中。极限飞盘因其经济投入少、活动场地小、运动形式多样、运动年龄要求较低等优势，成为相对于其他运动项目而言更适合在我国进行普及和推广的群众体育运动项目。它是一项集健身、休闲、比赛、教育于一体的运动项目，这项运动既能提高人的身体素质又能培养人文素质，参与者在遵守规则、培养团体精神的同时也享受着运动给人带来的乐趣。此外，这项运动具有很强的对抗性和趣味性，将娱乐性和竞技性完美地结合在一起。所以这项运动虽然在我国发展时间较短，却以让人惊叹的速度在我国广泛开展起来。

目录

第一章 飞盘运动简介

像所有的运动一样，飞盘运动也是一种游戏，人们喜欢玩飞盘是因为它能带来游戏的各种乐趣。各个年龄层次的人都能享受到飞盘运动的挑战、独特的规则以及它所带来的运动热情，从而使身体受益。除了一个飞盘外，你还需要一些朋友和一个空旷的场地，这样就能进行这项运动。

第一节 飞盘简史

飞盘在英文中为"Frisbee"，本来拼作"Frisbie"，是用金属锡做成的。美国有一位名叫 William Frisbie 的面包师，他创办了一家馅饼公司，并以自己的名字冠名，就是 Frisbie Pie Company。相传，这家店的馅饼在耶鲁大学广受学生们欢迎。不久，大学宿舍就堆满了 Frisbie Pie 的金属锡包装盒。聪明的学生们发现，如果将这些碟状的包装盒抛向空中，并使它旋转，它就可以在空中平稳地飞行。由于这些包装盒是金属做成的，为了避免受伤，抛的人会大叫一声"Frisbie!"以提醒准备接的人，于是这项新式运动就被称为"Frisbie"了（史蒂芬，2003）。

飞盘的历史始于 1947 年，第一个制作塑料飞盘的是瓦尔特·莫里森（Walter Morrison），他在加州开设了一家公司，并且从 1950 年开始大量制作飞盘，并给自己的产品取名为"Frisbee"（Malafronte，1998）。1957年，Wham-o 公司取得瓦尔特·莫里森飞盘的专卖权，并于次年签下瓦尔特·莫里森飞盘的专利权。1964 年，Wham-o 公司爱迪·海德瑞克（Ed

Headrick）经过六年的研发，研发出第一枚 Pro 飞盘。1964～1970 年，爱迪·海德瑞克经过对多套模具的试验，终于确定了 Pro 飞盘的直径与重量。同时在 Pro 的基础上陆续研发出 Play 系列：Regular、Super Pro、Master，至今已有几十种款式问世。目前全美境内制造飞盘的公司约有 30家，每年卖出的 Frisbee 的数量要比橄榄球、棒球以及篮球数量的总和还多。1964 年，爱迪·海德瑞克在洛杉矶成立了 IFA 国际飞盘协会（International Frisbee Association）。1967 年，新泽西州高中学生杰尔·西乐渥（Joel Silver）与他的伙伴发明了飞盘争夺赛，中国大陆通常称之为极限飞盘赛。这是一项采用美式足球比赛场地，而进行类似于足球赛及篮球赛的飞盘团体型对抗赛。不久之后，新泽西州纽瓦克市的其他高中以及纽约地区都开始玩这项运动。后来，当这些孩子们从高中毕业之后，他们将这项运动传播给更广泛的人群，随后他们所在的地区和大学里都成立了极限飞盘队。美国的普林斯顿大学和罗格斯大学开创了大学间极限飞盘队对抗的先例（Baccarini and Booth，2008）。50 年过去了，极限飞盘运动快速发展，目前超过 70 个国家和地区的人们在玩着这项运动。

第二节　飞盘运动的比赛项目及玩法

一　极限飞盘

极限飞盘（Ultimate Frisbee，或称 Ultimate）又称为飞盘争夺赛，最早出现在 20 世纪 60 年代末期，新泽西州梅普尔伍德（Mpalewood）的哥伦比亚高中（Columbia High School，CHS），杰尔·西乐渥和 Columbian（CHS 的校报），以及学生会的同学们一起研究并制定了当时的飞盘橄榄球（Frisbee Football）的规则，也就是现在被大家公认的"极限飞盘"，它是世界上发展最快的运动之一，也是所有飞盘运动中最受欢迎、最热门的项目（Baccarini and Booth，2008）。极限飞盘在 2001 年世运会已被列为正式比赛项目。这是一项无身体接触的运动，其比赛为两队共 14 人参加，以飞盘传递为竞技内容，通过队友与队友之间在场地上传递飞盘至得分区，队友在得分区成功接住盘为得分。它综合了篮球、足球、美式足球的特点，加上飞盘的特性，融合跳跃、转移、传盘，直到最后的长传或短传达阵，是一项运动量相当大的项目，并不亚于篮球、足球。因此选手除了要有攻、防的技术外，还必须具备良好的团队精神、体能、速度、智能和意志力。它像橄榄球比赛那么紧张激烈，需要出神入化的传接技巧、非凡的速度、持久的耐力以及坦诚默契的团队合作。在比赛中，由于基本没有橄榄球赛的身体接触和冲撞，所以更令人兴奋的是，男女队员可以一同上场，一试身手。

极限飞盘运动中还有一个概念称为"飞盘精神"（SOTG，即 Spirit of the Game），这也是这项运动另一个独特的地方。作为这项运动规则的一部分，飞盘精神是基于对竞争者的尊重将比赛的控制权交由场上的选手。每个运动员都必须对场上的其他队员有足够的信任。在赛场上，他们也承担着裁判员的责任。赛场上的 14 人要对自己的裁判指令负责。由此带来的影响是，极限飞盘运动成为裁判与队员之间最亲密的运动。尊重、信任和荣誉感充满整个比赛，甚至影响到比赛以外的其他地方。极限飞盘运动历来依靠体育精神来维护比赛的公平公正，高难度的竞技是值得鼓励的，但是不能以牺牲运动员之间的相互尊重、对既定比赛规则的遵守和比赛的基本乐趣为代价。维护这些基本原则，有利于避免这项运动中的不良行为。奚落对方队员、危险的侵犯动作、蓄意犯规或者其他不惜一切代价赢得比赛的不良行为都是违背极限飞盘的运动精神的，所有运动员必须避免。许多锦标赛奖励那些由所有参加队伍投票选出的最有比赛精神的队伍，这项有时被称作"精神奖"的荣誉是极其值得尊重的。

✦▨ 小贴士

在哥伦比亚高中的第一次比赛中，队员们自我裁判并且彼此相信不会不公平地犯规。这成为一个沿用至今的传统。这个大多数极限飞盘运动员都知道的"极限飞盘精神"是这项运动整体思想的一部分。极限飞盘被当作"绅士们的游戏"，任何违背运动精神的事情都被认为是亵渎神明。在最高水平的极限飞盘比赛中，"观察员们"

观察比赛，但他们不做任何裁定。如果队员求助观察员确定是否犯规时，观察员会做一个没有争议的裁决。

图 1-1　极限飞盘

二　飞盘高尔夫

飞盘高尔夫（Disc Golf）是将飞盘自开盘区经一次或连续有效投掷而投进（投中）目标的运动，参加竞赛的选手于限定的回合内，以最少的投掷次数加上罚盘后，成绩最少者为获胜。2001 年在日本秋田举行的世界运动会，飞盘高尔夫运动首次成为正式竞赛项目之一，可见飞盘高尔夫运动将是 21 世纪热门的新兴运动。飞盘高尔夫，顾名思义就是综合飞盘及高尔夫球两项运动，不同于高尔夫球的是，飞盘高尔夫用的是一个飞盘。玩家在规定的场地内，用尽量少的扔飞盘次数接触到场地的目标物。

飞盘高尔夫的规则及玩法与高尔夫球类似，简单来说就是直接以手来当球杆、以飞盘当球，而以飞盘高尔夫篮为目标。如同高尔夫球场一样，通常在开盘区用掷远盘运用掷远技巧投出第一盘，就如同高尔夫球的开球；飞盘落停后，再运用掷准技巧将飞盘向目标推进；待飞盘推进至目标附近时，则运用敲杆技巧将飞盘投入（打中）目标。

飞盘高尔夫也有其限制的场地，需事先将场地依地形地物规划出长短不一、各有特色的"洞"，飞盘高尔夫球场一般由9个或者18个洞组成，每洞距离为60米到150米不等。几乎任何东西都可成为目标物，比如一棵树、一个路灯柱或一个垃圾桶。在正式比赛中，目标是一个柱子上的圆金篮筐。篮筐上面松松地挂着链条，链条能使飞行的飞盘停止，进而落到篮筐里面。从飞盘开盘到投入（打中）目标的过程中，你必须运用各种飞盘投掷技巧来克服场地上的种种障碍，如水池、树木、河流等，用最少的投掷次数投入（打中）目标，是飞盘高尔夫运动的关键。

图 1-2 飞盘高尔夫

三 花式飞盘

花式飞盘是结合飞盘的各项技巧，再加上体操及舞蹈动作，搭配音乐节奏，创造出千变万化的招式。投出飞盘后，队友或是顶盘，或是拍盘，或是身上滚盘，而大都以旋盘来做衔接。花式飞盘运动通常由2~4人组成一队，时间为3~5分钟，配合音乐演出流畅、有创意、难度高的动作，是有内容的、融合力与美的艺术。花式飞盘的本质是表现富有创造性、灵活性和艺术美感的动作，是飞盘运动中最激动人心的项目之一。

在竞技比赛中，由九位评委给表演的节目打分，共有三个类别：艺术印象分、难度分和表演分。每三位评委负责其中一个类别的评分。

图1-3 花式飞盘

四 勇气飞盘

勇气飞盘（Guts）是有记录的最早的飞盘运动团队项目。1954年，勇气飞盘赛出现在美国新罕布什尔州汉诺威的达特茅斯大学。四年后，勇气飞盘赛被列入在美国密歇根州埃斯卡诺巴举办的飞盘邀请赛中。

比赛由两支队伍对阵，每队五位选手。这项运动的官方比赛用盘是"Frisbee"牌的Pro型号飞盘。在非正式的比赛中，有时候用像100克的双飞盘（DDC）这样重量较轻并且边缘不锋利的飞盘。比赛场地包括两条长15米、相距14米的得分线。两队面对面站成排，每队负责防守一条得分线，飞盘在两队之间来回投掷。比赛目标是将盘投掷穿过防守选手们连成的那条线。防守队伍没能接住一个合理掷出的飞盘时，掷盘队伍（进攻队伍）得一分。当盘没能被掷盘队伍合理地掷出时，接盘队伍（防守队伍）得一分。当合理掷出的盘被防守方接住时，双方都不得分。首先得到21分的队伍获胜。

比赛过程中会进行队伍的一系列轮换，一方掷盘另一方尝试接盘。两队交替掷盘和接盘，轮换后，掷盘队伍变成接盘队伍，反之亦然。在第一次轮换中，掷盘队伍指定一位掷盘者。然后在每次的轮换中，接住飞盘的选手负责掷盘。如果盘没被接住，掷盘队伍得一分。接下来的掷盘者由最后一位接触飞盘或者曾经离盘最近的那位选手担任。只有在接盘队伍站在他们的得分线上时，才能掷盘。防守选手们站立时相距一个手臂的长度，以便指尖可以互相接触。掷盘者必须站在他自己的得分线后面。掷出的盘必须经过防守队伍的得分线的上方并且在至少一名防守选手的可触盘范围内才算合理。选手不得将盘掷出接盘队伍可伸展的范围之外。如果盘掷得不合理，接盘队伍得一分；如果盘掷得合理，防守队伍的选手必须单手接盘。飞盘不可以同时接触防守选手身体的两个部位，并且盘不得触地。每次得分满 11 分，两队交换防守的得分线。比分为 20∶20 时，比赛继续进行，直到某一队领先 2 分。

五　双飞盘

双飞盘（Double Disc Court）比赛是两人一队，两队分别在相距 17 米的两个边长 13 米的正方形场地内比赛。用两个飞盘互相投掷，目标是让对方同时持有这两个飞盘。两队各一名队员持一个盘，以示意后同时向对方掷盘为开始比赛。当对方触盘后未能接住盘，或者盘飞到对方场地内触地，或者对方同时持有两个盘，己方得两分；盘飞到场地外的任何地方（出界），对方得一分。首先获得 21 分或者 15 分的队伍获胜。

六　飞盘越野赛

飞盘越野赛是一场从起点到终点距离为 200 米至 1000 米的竞赛运动。应该按照飞盘飞行的特性设计盘道，以考验选手对飞盘的各种投掷技巧。选手每人用 2~3 盘，返回终点时至少要持有在起点时用的两片盘才算成绩，依规定越野赛飞盘须经过一定的路线飞过，人则可快跑捡盘再投掷，最后以谁的飞盘先飞过终点算名次。

游戏开始时游戏者拿着两个飞盘，也可能拿三个飞盘以防其中一个丢到界外。4~5 个游戏者沿着起跑线开始跑。比赛以口令开始，游戏者应在前一个距扔飞盘者休息的地方 1.5 米以内开始扔盘。只有扔了下一个飞盘后，才能捡起上一个被扔的飞盘。游戏者不能影响飞盘的飞行。因此，游戏者不能在空中接触飞盘。有一种情况例外，游戏者可以在围绕一个障碍后试着接触飞盘。游戏者接到飞盘后，其他游戏者可以在接住飞盘的位置玩同一个飞盘。当几个游戏者同时跑的时候，他们不能互相故意妨碍。从原则上来说，准备扔盘的人有权超越接近飞盘的人。除了障碍物之外，场地边界也被指明，包括一些自然边界如路、花丛或湖。当飞盘出了游戏场地后，就出界了。游戏者不能继续玩出界的飞盘。当游戏者选择第三个空余的飞盘时，他可以从上一个飞盘飞落的位置开始；当游戏者只剩一个飞盘的时候，就不能完成比赛了。有时候游戏者找不到自己扔的飞盘了，这样的话，他可以用候补的飞盘，并接受 10 秒的惩罚。当他已经用了候补的飞盘而又不足两个飞盘时，就不能完成比赛了（龚晓、徐浩远，2016）。

七 掷远赛

通常比赛选手须在 2 分半钟内投掷五盘，取最远的算成绩，飞盘要掷得远，除了要使用专用掷远盘外，还要善用风力，大部分选手都采用反手投掷法，也可助跑加旋转将飞盘掷出，这样可以增加 20% 的距远。目前世界纪录为 263.2 米。

八 掷准赛

掷准架为离地 1 米、边框为 1.5 米的正四方形目标。场地为正面三站（13.5 米、22.5 米、31.5 米），左右两面各二站（13.5 米、22.5 米），共七站。每站投掷四片飞盘，满分 28 片，目前世界纪录为 25 片。

九 回收计时

迎风投掷约 40 度，享受回收自如的境界。此项比赛是最受欢迎的飞盘比赛项目之一，它需要单手将飞盘往空中掷去，再将飞回来的飞盘以单手接住，且这段时间要越长越好，目前我国台湾纪录是 13.5 秒，大陆还没有统计数据。

十 投跑接

和回收计时比赛方式要领有点类似，只不过回收计时是以时间多寡算成绩，投跑接赛是以距离长短算成绩。投跑接赛的比赛方式是在比赛场地两边分别画直径4米投掷圈各一个（方便左手者投掷），投掷角度应比回收计时略低，但跑步要更快，才能让飞盘飞得远又能接得到。

十一　沙滩极限飞盘

沙滩极限飞盘是草地极限飞盘的一种变体。除了场地较小（75米×25米）、人数略少（5人对5人）之外，其规则与草地极限飞盘赛相同。1986年，第一届沙滩极限飞盘邀请赛在美国德克萨斯州举办。1989年，第一次国际性的沙滩极限飞盘邀请赛在意大利里米尼的帕加尼洛（Paganello）举办。1999年，沙滩极限飞盘爱好者协会（Beach Ultimate Lovers Association）成立，致力于在全世界发扬比赛精神，推广沙滩极限飞盘运动。2010年，世界飞盘联合会（World Flying Disc Federation）批准了一项动议，接受沙滩极限飞盘作为自己的飞盘运动项目。近日，世界沙滩运动会（World Beach Games）已经将极限飞盘纳入世界沙滩运动会比赛项目。此外，WBG的圣地亚哥主办委员会发布了初版的赛事项目表，其中包含19个不同规则并且具有奥运会参赛资格的运动项目。世界飞盘总会组委已经确定把2017年在法国鲁瓦扬（Royan）举办世界极限沙滩飞盘锦标赛，作为世界沙滩运动会飞盘项目的资格赛。2017年的世界沙滩极限飞盘锦标赛破纪录地将会有40多个国家，超200支队伍参加。

人们普遍认为，沙滩极限飞盘已经发展成为一项与草地极限飞盘密切相关却又不同的运动项目。更小的场地、更少的玩家以及更柔软的地面使得跑位、接盘和掷盘等要素从草地极限飞盘那里继承下来，却又有不同的风格。竞技策略也有所变化，越来越多的玩家变得只倾心于沙滩极限飞盘赛。由于这种来自脱掉鞋子玩飞盘的过程的轻盈与纯粹，很多人被沙滩极限飞盘深深地吸引了。海风、脚趾间的沙子、海浪的声音，使大家进入一种积极状态——舒适又不失竞争性。从某种程度而言，这种状态很好地诠释了这项运动，也体现出人们在沙滩极限飞盘中展示的比赛精神。年长的玩家们也被沙滩极限飞盘吸引，因为硬地容易带来的伤害不会在这里出现，因此他们可以继续玩很多年飞盘。

图 1-4 沙滩极限飞盘

十二 飞盘狗

飞盘狗运动是人掷飞盘与狗叼接飞盘产生花式变化的合作项目。有关飞盘狗的起源可以追溯到 20 世纪 70 年代。那时飞盘运动开始普及，美国年轻人以玩飞盘为时尚，街头巷尾随处可见以掷飞盘为乐的人群。一些飞盘比赛也开始如火如荼地进行，但并没有让狗加入其中。

1974 年 8 月 4 日，美国洛杉矶的道奇体育场正在进行一场棒球比赛，赛事正酣，来自俄亥俄州 19 岁的大学生 Alex Stein，带着飞盘和他的狗 Ashley 偷偷跳过围墙，进入比赛场地中央。在万人瞩目下，开始了他们长达 8 分钟的飞盘表演。Ashley 凭借 56 公里左右的时速，2.7 米高的跳跃力凌空接住一个又一个飞盘。虽然球赛因此中断，但是现场观众及电视机前观看球赛直播的数百万名美国民众，被这种从未见过的表演震慑住了。Ashley 瞬间扬名天下，这也是飞盘狗运动第一次出现在世人的视野中。虽然赛后 Alex Stein 因为扰乱社会治安被罚 250 美元，不过他并不后悔。当时他带 Ashley 闯入赛场表演，只是为了向世人展示爱犬非同一般的天赋，并未料到 Ashley 会名垂史册，并改变他的一生。道奇体育场事件后，Ashley 和飞盘狗运动逐渐受到关注。有关组织从 1975 年开始举办飞盘狗世界杯大赛，而 Alex Stein 和 Ashley 也获得了前三届比赛（1975年、1976 年、1977 年）的冠军。这项属于狗的运动逐渐在全世界推广开来，至今受到人们的欢迎。Ashley 一直活跃在飞盘狗赛场上，1985 年，这位天才去世。迄今为止它仍然是公认的最伟大的飞盘狗，拥有超过 56 公里的时速、2.7 米高的弹跳力以及高达 92% 的接盘成功率，几乎没有其他狗能够超越。Ashley 走了，但是 Alex Stein 的脚步并未停止，这位飞盘狗运动的教父仍然活跃在全世界的赛场上，担任裁判或者为众多爱好者提供培训。现在世界最大的飞盘狗赛事——AWI 飞盘狗世界杯的 logo 就是 Ashley，它是一只惠比特犬。

图 1-5　飞盘狗

第二章　飞盘运动入门

飞盘运动的比赛项目与玩法很多，目前世界上最流行的飞盘运动是极限飞盘与飞盘高尔夫，本章将重点介绍这两个项目。

第一节　极限飞盘

一　极限飞盘十项简易规则

场地：正式比赛场地为长方形，长 64 米，宽 37 米。得分区分别位于场地两端，宽 18 米（或 23 米）。

开盘：每一分比赛开始时，双方选手在各自防守的得分区内排成一队。先防守的队伍把飞盘扔给进攻的队伍（称为"发盘"）。正规的比赛中，每支队伍只许有七位选手上场。

得分：如果进攻方选手在对方的防守得分区内接住飞盘，则得一分。

传盘：选手可以往任意方向传盘给自己的队友。不允许持盘跑动。持有飞盘的选手（称为"掷盘者"）有十秒钟的时间来掷盘。防守掷盘者的选手（称为"防盘者"）应该大声地数出这十秒钟（称为"延时计数"）。

失误：如果进攻方传盘没有成功（如出界、掉地、被对方断下、被对方截获），则视为失误。此时防守方获得盘权，立刻攻防转换。

换人：只有在得分之后或选手受伤的情况下允许替换场上比赛选手。

无身体接触：选手之间不应该有任何身体接触，也不允许阻挡别的选手跑动。身体接触发生时判为犯规。

犯规：当一方选手跟另一方选手发生身体接触时，视为犯规。被犯规的选手要立刻喊出"犯规"（Foul），此时所有场上选手要停在当前位置不得移动，直到比赛重新开始。如果犯规没有影响进攻方的盘权，比赛继续；如果影响了进攻方的盘权，飞盘交还给进攻方继续比赛。如果防守方选手不同意犯规，飞盘还给前一位持盘者，重新开始比赛。

自判：比赛没有裁判，场上选手自行裁决犯规、出界和失误。选手们应该互相文明地讨论与解决争议。

极限飞盘的比赛精神：极限飞盘很重视体育道德和公平竞争。它鼓励选手们去激烈对抗，但激烈对抗必须建立在互相尊重、遵守规则和享受乐趣的基础上。

二　极限飞盘比赛注意事项

极限飞盘比赛分为两队共14人参加，以飞盘传递为竞技内容，比赛以13分或者15分为一局。极限飞盘是一种在大型的长方形草地上进行的两队间7vs.7的比赛（平时比赛人数弹性较大，可以是5vs.5、6vs.6、7vs.7，而且男女比例也可按两队情况决定）。在场地的两端都划有长线，长线外侧的地方叫得分区（就像橄榄球的达阵区）。当进攻方队员在得分区域接到飞盘时就算得分。在中国最流行的极限飞盘比赛是一种不允许身体接触、男女混合的比赛。每个队在场上都有七名队员。

比赛开始前，队员都站在得分线后，一支队伍防守，另一支队伍进攻。防守方把盘掷给另一队来开始这一分的争夺，这被称为发盘（Pull）。比赛开盘后进攻方可以接住盘或者让盘落地。大多数情况下，接盘方会让盘落地，然后他们捡起盘去传给队友。如果发出的盘出界，要将盘带到正式比赛场地中离盘最近的边线即可开始进攻或者示意后从砖头（得分区往前18米比赛场地的中间位置）点开始进攻。在开盘出手前，防守方队员必须站在得分线后方。但是只要双方队员都从得分线后起跑，就不一定需要严格执行这一规则。比赛时，防守方要想办法阻止进攻队员接住飞盘，在得分前攻防转换可以一直进行，每一分结束后，双方交换场地，整个过程重新开始。两队站在得分区的端线处，刚刚得分的一方把盘掷向另一方。一般而言，比赛结束取决于哪一方先达到得分目标，而不是限制时间，11～21分都可以作为得分上限。比赛中没有裁判，依靠的是诚信，靠实力取胜。

1. 比赛中的常见违例行为

走步（Travel）：带盘跑动被称为走步。以下几种情况属于走步：掷盘者在出盘前抬起或者拖动轴心脚；接盘者接盘后没有按照要求立刻止步，而是加速、改变方向或者明显地走动更多步；接盘者在跑动中掷盘（注意：有个例外，就是接盘者可以在接盘后的三步之内将盘掷出）。

剥盘（Strip）：从持盘者手中拍掉或者拽走飞盘称为剥盘。如防守者拍打进攻选手手中已经控制住的飞盘并使其掉落，视为剥盘。进攻方重新获得盘权后，计数回到0重新开始。剥盘行为如有争议，飞盘回给掷盘者。得分区内的剥盘如无争议视为得分。

阻挡（Pick）：任何选手不可以阻碍对方任何一位选手的移动。阻挡可能是故意也可能是非故意的——无论哪一种都是违例。被阻挡行为影响的选手必须进入相应进攻选手的三米盯守范围内。阻挡发生后应该被立刻大声示意出来，这时比赛暂停，防守选手跟上防守对象，验盘结束后继续比赛。如果在阻挡示意过程中或者示意结束后飞盘被掷出，选手们可以继续争夺飞盘，直到确定盘权。如果传盘成功，飞盘回到掷盘者手中；如果传盘失败，算作失误，比赛继续。

计数过快（Fast Count）：如果防盘者计数太快，掷盘者可以示意"计数过快"。每一个数字要持续一秒钟。第一次"计数过快"警告，从计数中减去2；第二次"计数过快"警告，比赛暂停，计数重新回到0后，继续比赛。

双重防守（Double Team）：只能有一位防守选手在距离掷盘者轴心脚的三米范围内防守他，但是如果另一位进攻选手也在这个范围内，与其相应的防守选手也可以进入这个范围。违例发生时掷盘者应该是示意"双重防守"作为警告。第一次警告时，延迟计数要倒退两个数字。发生同一次计数内的第二次警告时，比赛暂停，重新验盘后计数回到0重新开始。

2. 比赛中的犯规行为

不同队伍的两位选手间发生的身体接触被视为犯规。如果犯规行为被示意，比赛暂停，所有选手应当保持自己的站位。

防守犯规：两脚横跨掷盘者的轴心脚；与掷盘者保持的距离不足一个飞盘的宽度；触碰掷盘者的任何部位；在某位进攻选手尝试接盘时，撞击他；在尝试阻断或者截获飞盘时，碰撞到某位已经确立好稳固站位的进攻选手。如果是无争议的掷盘犯规，延迟计数回到0重新开始；如果传盘已经成功，持盘选手保持盘权，比赛继续；如果传盘失败，飞盘返回到掷盘者手中，重新掷盘；如果是无争议的接盘犯规，进攻方保持盘权；如果犯规行为发生在得分区，飞盘要被带到得分线上最近的一点，然后继续比赛。

进攻犯规：掷盘或做假动作过程中，轴转动作撞击到防盘者；用飞盘或身体推开防盘者；推开防守者去跑位；在尝试接盘时撞击到某位已经确立好稳固站位的防守选手。如果犯规是在掷盘或传盘不成功的情况下发生，比赛继续（也就是失误）；如果传盘成功，飞盘回到掷盘者手中，继续进行原来的计数。

接盘过程中或者接盘后经常不可避免地发生非故意的身体接触，这种情况不算犯规。盘出手后的跟进动作中发生的身体接触，不足以构成犯规行为。但是这两种情况都应尽可能避免。

三　极限飞盘器材与装备

飞盘：并不是所有的飞盘都可以用来进行极限飞盘比赛，极限飞盘在国际上有统一标准。目前市面上标称极限飞盘的盘子实在太多，无论什么材料，什么外形，都打着极限飞盘的旗号进行销售。对初学者，如何挑选一款好的极限飞盘也是迅速掌握技巧的重要保证。极限飞盘的国际标准重量为175g（+/-3g），直径274mm（+/-3mm），高度是32mm（+/-2mm）。针对12岁以下的飞盘选手，国际标准为重量145g（+/-3g），直径249mm（+/-5mm），高度33mm（+/-2mm）。不符合此规格的飞盘均不能称作极限飞盘。

你只需要一个飞盘、一群朋友和一块空旷的场地就可以进行极限飞盘比赛，但是如果想玩得更尽兴，还可以准备一双足球鞋、一件运动服、一副专业极限飞盘手套等。

第二节　飞盘高尔夫

一　飞盘高尔夫简易规则

开盘：每一洞的开始，选手必须于开盘区内开盘。当飞盘投掷出手后，选手的支撑点一定要在开盘区的表面上，且支撑点全部要在开盘区内。若有场地提供开盘专属地垫，飞盘投掷出手时，选手支撑点要在开盘区内，除非执行长已因安全理由提出修改开盘区。若场地未提供开盘专属地垫，飞盘投掷出手时，选手支撑点全部要在前端线及左右两边平行向后延伸三公尺的范围内。由开盘区之外助跑投掷是被允许的。当飞盘出手后，确定选手支撑点不在开盘区之外，其往前冲出开盘区的动作是被允许的。

标示落停点：①开盘后，所投出的飞盘必须将迷你标示盘置放于该飞盘延伸到目标的直线上，且接触该飞盘的最前缘之地面后始可移动。已置放作为标示的迷你标示盘必须等待飞盘投出后才可以移动。迷你标示盘在投掷前被不经意地移动时，必须移回正确的位置。②若投出的飞盘落停于界外线边一公尺内时，可将迷你标示盘置于距最近的界外边线且垂直于界外边线一公尺内之任意点上，纵使此标示使之更靠近目标亦然。③垂直的规则：界外线标示是一种垂直线，当飞盘落停在离界外一公尺内时，可依此规定在一公尺内的垂直线上任一点自由标示。

投盘站立点：①当飞盘投掷出手之同时，选手支撑点一定要在标示盘延伸到目标的直线上，且于标示盘后方30公分的地表；任何支撑点不可接触迷你标示盘；全部的支撑点均于界内。②因飞盘出手之垫步而前倾超越迷你标示盘的动作是被允许的；但10公尺内的敲杆动作是不允许的。③自迷你标示盘的后缘至目标的基部10公尺（含）内，视为敲杆动作。因飞盘投掷出手之垫步而前倾超越迷你标示盘的后缘的连续动作被视为无效的敲杆，且不被允许。选手必须要呈现完全平衡后，始可朝目标走去。

障碍与障碍解除：①永久性及大型的物体造成站立点及投掷动作的障碍。选手选择对场地的永久性及大型的物体障碍物造成最小的移动的站立点。一旦合法的站立点被确定后，选手不可移动任何的障碍物（或将之往后扣住，或将之折弯）以取得更多的投掷动作所需的空间。规则803.04 C说明：若确定为临时性的障碍物除外。若因选手投掷时的动作所造成非故意移动障碍物的行为视为合法。②飞盘落停点与目标之间的障碍。选手对于飞盘落停点与目标之间的障碍物不可移动、改变、弯折或扣住其任何一部分，可允许选手移动飞盘落停点与目标之间的障碍物，如观众、选手的装备、开启的栅门或本回合中掉落的树枝树叶等。若无法确定是否为可移动的障碍物，不应该移动它；若因选手投掷动作所造成的非故意移动障碍物视为合法。

不安全的落停点：选手可宣告其飞盘之落停点为不安全的落停点，可于飞盘的落停点，且不靠近目标后五公尺内定义新的落停点，加罚一盘。或者，选手无法于不安全的落停点且不靠近目标方向后五公尺内重置落停点，该选手应加罚二盘，并可于不短于不安全落停点至目标的距离的盘道上重置落停点。

干扰：①选手所投掷出的飞盘若击中其他的选手、观众或动物，该选手仍应于飞盘的落停点开始下一次的投掷；所投掷出的飞盘被有意地偏斜或拦截而再移动时，须经同组大多数的选手或一位裁判认可，尽可能接近并标示原接触点。选手不要站在或将装备置放于其他选手所投掷的飞盘容易击中的飞行路径上。离目标最远的选手在投掷之前，若认为其他选手可能对他造成投掷路径上的干扰，可以要求其他选手标示他们的飞盘落停点，或移走他们的装备。②若飞盘于落停点上被移动过，须经同组大多数的选手或一位裁判认可，尽可能接近并重新放回原落停点。若迷你标示盘被移动过，须经同组大多数的选手或一位裁判认可，尽可能接近并重新放回原标示点。③任何选手故意地变动在场上已投出的飞盘，或故意地移动飞盘，或故意地遮蔽其他选手所投掷的飞盘或迷你标示盘，若被同组二位以上的选手或一位裁判看见，无须经过警告，予以加罚二盘。若飞盘被其他选手投掷的飞盘击中而移动，或为确认而移动飞盘的行为，不在此限。

飞盘落停于地表以上：①若飞盘落停于树上，或场地其他物体的上方时，该飞盘的落停点应于该飞盘的正下方的地面上做标示。若该飞盘的落停点的正下方的地面为界外区，该飞盘应宣告界外，其标示及罚则依据规则803.08处置；该飞盘的落停点的正下方的地面为界内区，且于树木的中央或为其他固体的障碍物上，其应标示落停点于树木或固体的障碍物至目标的延伸线的后方。②若飞盘落停于距离地面二公尺以上（自飞盘之最低点至地面的垂直距离），该选手应予以加罚一盘；此罚则仅适用于飞盘落停于界内区之上。该选手应该依规则803.07 A标示落停点。

界外：①当飞盘落停点清楚并完全地位于界外区时，该飞盘应可认定为界外。当飞盘投掷入水，不论因飞盘漂浮于水面，或因水的作用、风的吹拂而移动，其落水点即为落停点。参考规则803.02 E条款说明。界外标线本身为界内。②若选手投掷的飞盘被认定为出界，应加罚一盘。该选手经同组大多数选手或一位裁判认定，应于飞盘最后进入界外区与界外线交叉点，且垂直于界外线一公尺内适当位置摆置落停点；甚至于因此而更接近目标，其方向无须改变。若飞盘亦落停于离地面二公尺以上者，落停于离地面二公尺以上的处罚，并不须再附加界外的处罚。

从其他选手落停点投掷：①若选手从其他选手的飞盘落停点投掷飞盘，应予以加罚二盘，无须警告。该犯规的选手应于误认的落停点完成该洞的投掷，无须重掷。②被误认落停点的选手，应由犯规的选手与同组多数选手或一位裁判裁定，尽可能标示接近原落停点位置投掷（参考规则803.10C）。

飞盘遗失：①选手到达其飞盘被同组选手或一位裁判看见最后之落点附近，于三分钟内无法确定其飞盘的位置时，应宣告飞盘遗失。计时应由同组二位选手或一位裁判告知计时开始，同组的所有选手应全力在三分钟内帮忙找寻，直到宣告飞盘遗失为止。②选手若宣告飞盘遗失，应予以加罚一盘。其下一次投掷点必须要由同组大部分的选手或一位裁判同意，于界内且飞盘最后被看到的落点附近标示之。③若于比赛结束之前寻获遗失的飞盘，选手因飞盘被移动或捡走而宣告遗失所加计的罚盘，可于成绩上扣除。④若迷你标示盘在标示落停点后遗失，必须要由同组大部分的选手或一位裁判同意，于最接近先前之标示点的地方重新标示，无须被处罚。

狗腿洞限制：①狗腿是限制飞盘到达目标的路线。选手必须要依开盘区广告牌指示或盘洞说明之狗腿规定，依循正确方向投掷飞盘，完成该洞的投掷。②若飞盘未依狗腿规定方向前进，该选手须依循原错误的方向投掷返回，并朝正确的方向前进。③若飞盘未依狗腿限制方向前进，其须将狗腿视为目标；当标示该飞盘的落停点时，仍须遵守所有站立点、迷你标示盘、障碍物及障碍解除等规则。

完成：①若选手于一回合中无法完成任何一洞投掷时，执行长可自由决定取消其参赛资格。以下状况除外：因迟到而错过一个或数洞的投掷；不小心而未完成该洞的投掷（由同组大部分的选手或一位裁判决定），该选手的成绩除该洞投掷次数加上因违反其他规则之罚盘，须再加罚二盘，然后该洞即可认定为投掷完成。②投掷者须将飞盘完全离手且飞盘必须停留于链条或篮底，始认定为完成该洞投掷；认定的原则包括飞盘卡在或悬挂在目标设备的底部，不包括飞盘落停在目标设备的顶部之上或悬挂在捕捉设施顶部之外侧；该飞盘被投掷者取回前须仍停留于链条或目标设备之内，始可认定完成该洞投掷。③投掷者须将飞盘完全离手，且飞盘敲击于目标物上且经执行长标示之有效范围内，始认定完成该洞投掷。

二　如何比赛

飞盘高尔夫使用的飞盘，是为这项运动特制的飞盘。它们拥有不同的外形和重量，基本可归类为掷远盘、推进盘及敲杆盘。飞盘高尔夫的比赛场地也各不相同，包括地势不同和洞的数量不同。标准赛一般是18洞，比赛时间大概为1小时。但是也有许多场地只有9洞或更少。每个洞包括一个开盘垫或开盘区、盘道和指定目标。瞄准的目标是上半部的链条篮，通常被认为是"洞"或者"篮筐"。这个游戏是在开盘垫处向洞里投掷你的飞盘，以最少的次数将飞盘投掷于篮底。当选手走下盘道，他必须从先前投掷时落下的点进行连续投掷，这个点被称为"落停点"。当你的飞盘最终落在篮子里，洞就完成了，这时可以继续下一个洞。一旦所有的洞都完成，计算每个选手投掷的总次数（计分表记录每洞次数）来确认谁投掷次数最少，以成绩最少者为获胜。飞盘高尔夫的妙处在于你可以没有其他对手，仅仅当这是一次外出娱乐，你可以仅仅冲着达到标准杆来玩——每个洞的标准杆、每个回合的标准杆。最终，在完成时低于标准杆或者刷新了自己的最好成绩，都会令你感到兴奋。

三　器材和装备

不像大多数体育运动，需要通过买到一些配件来增强游戏的乐趣，在飞盘高尔夫运动中，你真正所需要的东西只有飞盘，因为飞盘本身就是最重要的。

掷远盘：掷远盘是被设计用来完成远距离投掷的（见图2-1）。掷远盘比其他飞盘稍微扁平一些，特别设计成片状，能在最小风阻系数下穿过空气，尽量远距离飞行。掷远盘通常是你在每个开盘垫处投的第一个飞盘。

图2-1　掷远盘

推进盘："推进"或者"半程"飞盘与掷远盘的设计相似，典型区别就是有一个更圆的边缘（见图2-2），所以它们并不能像掷远盘飞得那样远，跳跃得那样剧烈。你最适合用它们的时候是当你开始接近（或者靠近）放置处时，在开盘垫和篮子中途。如果你的飞盘袋里装备有限时，带上一个推进盘，它有时也可以当作掷远盘那样使用，并有很好的效果。

图 2-2　推进盘

敲杆盘：这种能够在每一个洞的最后完成比赛的飞盘叫作敲杆盘（见图 2-3）。不像掷远盘和推进盘那样有着相似的特征并且可以被许多选手交换使用，敲杆盘仅能在投掷时精确调节，敲杆盘只用来做一件事：精确地投向篮筐的锁链，通常在篮前 10 米以内的位置。不同于一个有圆滑边缘的飞盘，有时敲杆盘即使是有直角的或者很厚的边缘，同样可以挽救你的分数和自尊（当熟练使用时）。如果你只带两个飞盘到比赛场，无疑其中一个应该是敲杆盘。

图 2-3　敲杆盘

标示盘（或者迷你盘）：标准飞盘的缩小版，只有大概 4 英尺的周长。它能够使精细的飞盘高尔夫游戏更便利。主要作用是提供合理的目标，来标记飞盘着落的地点（落停点），这个点是你下一次投掷的地方。除了在竞争激烈的专业比赛中不强制使用标示盘，在其他任何时候人们都喜欢使用它，当然要避免踩到飞盘上损坏它。

飞盘包：普通型号能够宽裕地装下大约 12 个飞盘，并且易于携带，另外它还可放一些其他东西，比如计分表、铅笔、毛巾、车钥匙等。

第三章　飞盘基本技术与训练

第一节　认识飞盘

一　飞盘的各个部分

在你尝试投掷飞盘之前，你必须能够辨认出飞盘的各个部分。请拿一个飞盘在你的手上，读到下面部分的时候请看一下手上的飞盘（见图 3 -1）。

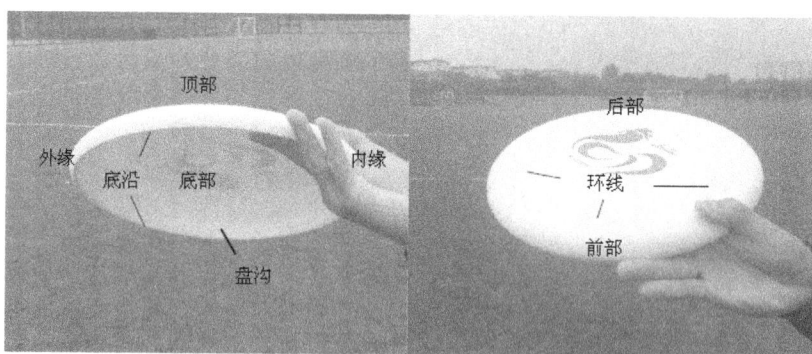

图 3 -1　飞盘组成部分介绍

飞盘由以下部分组成：

- 顶部——飞盘正面顶盖的部分；

- 底部——飞盘的下面部分；

- 内缘——掷盘时，最靠近身体的边缘；

- 外缘——掷盘时，距离身体最远的边缘；

- 前部——飞盘最靠近目标的部分；

- 后部——飞盘距离目标最远的部分；
- 环线——飞盘顶部突起的线圈；
- 底沿——飞盘边缘最下面的一圈；
- 盘沟——飞盘边缘弧面的内侧。

二 投掷基本概念

飞盘运动员将来想要或者需要用到的所有掷盘法有以下共同点：表象、快速抖腕和跟进动作。初学者去学习一个新的掷盘动作必须在意识上做好准备，锻炼快速传盘以及完成正确的跟进动作。这些概念对每个掷盘法基本上是相同的。因此，新手必须在实际练习前明白所需的理论知识。

快速抖腕能使飞盘飞起来。一次速度不快的投掷，飞盘将会摇晃然后停止运转。快速抖腕是一种很难得的要领，是长时间的练习和经验积累的结果。飞盘旋转得越多，它飞行得就越稳定。在投掷的时候怎样完成快速抖腕呢？别管怎么投，你就想着去晃动手臂，摆动末端的腕关节。你要流畅地、迅速地摆动手臂，然后在掷出前的最后一刻，朝着目标的方向弯曲腕关节。你的手臂会继续向前运动，而摆动的动作会转换成旋转的动作，这个动作给予飞盘旋转的动力。

第二节 反手技术

一 握法

1. 基础握法

下面介绍两种基础握法。第一种方法中，拇指在飞盘顶部，其余四指在底部伸展开来呈扇形，中指指向盘的中心，飞盘边缘紧贴掌心。这样做可以加强对飞盘的控制，使盘不摇晃。在盘的底部，所有手指都需伸展开，从而导致这种握盘方式与其他方式相比缺乏力度。握盘力度的大小取决于食指尾部对飞盘的牵引力。第二种方法很少见到。食指贴于盘沿，但没有中指对飞盘的支撑。其余手指紧握着盘沿，这样握盘更有力量。然而，如果失去对飞盘的控制，再大的力度也没有意义。用食指紧扣盘沿可以使你的握盘更有力量。

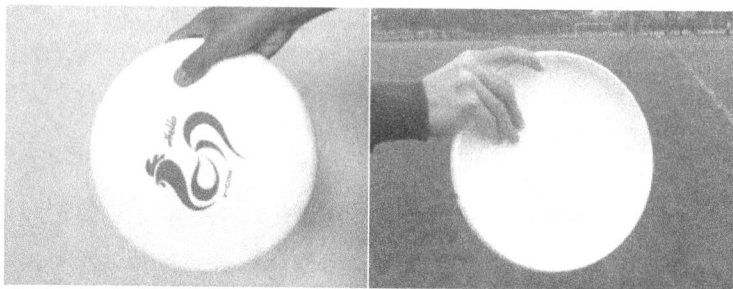

图 3-2　基础握法

2. 强力握法

这种方法不仅在经验丰富的掷盘者人群中最为流行，也是几乎所有飞盘高尔夫玩家都会使用的一种握法。所有手指都紧紧地握着盘沿，不用任何手指来支撑飞盘。由于出盘点很难把握，所以有可能控制不好飞盘。经常练习可以熟悉并掌握对飞盘的控制。食指尾部对飞盘的拉动可以带来一股很强的力量，这种力量有利于克服飞盘不稳等问题。使用这种握盘方式，是很难掷反手高位盘的，因为在出手之前飞盘缺少将其往上迅速抬升的力量。有一部分控制力量在于拇指以及你的握盘力度。通常而言，握得越紧，越能使盘获得更多的旋转，这样有助于在有风的情况下把握好盘的飞行。无论是盘的盘沿，还是指向盘顶部的中心，拇指可以放在它们之间的任何位置。如果考虑空气的阻力，最好的方法是让拇指指向盘顶部的中心，这样可以将盘抓得更紧。用力紧握飞盘，不但可以保持盘的平稳，而且有利于用反手掷高位盘。

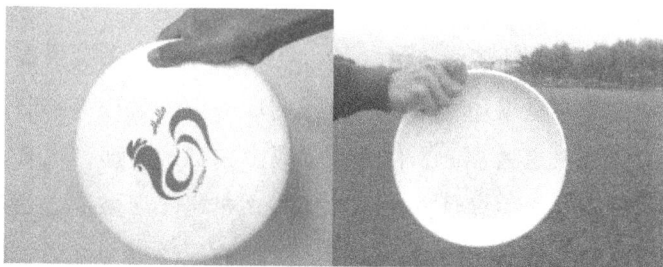

图 3-3　强力握法

3. 混合握法

顾名思义，这种握法是前文介绍过的两种握法的结合。食指第二关节勾起托住飞盘的底沿，中指略微伸展开来指向飞盘的中心，支撑住飞盘。练习者使用这种握法可以掷各种盘，如反手高位盘等。这种握法的缺点是与强力握法相比，其掷盘力度会稍微欠缺。混合握法中关于拇指位置的要点可参照强力握法。

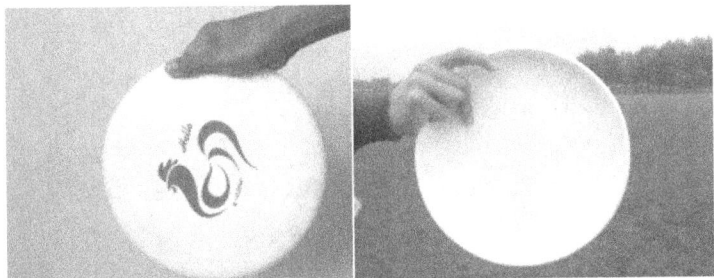

图 3 - 4　混合握法

二　掷法

1. 姿势和动作

站在接盘者的垂直方向，让右肩靠近目标。在将你的重心转移到后脚的同时，拿回飞盘，倾向左边，转动你的臀部和躯干。保持飞盘平直并且与地面平行。继续看着接盘者，不要看着地上或者看着飞盘。然后后摆并且开始将飞盘向前移动，通过摆动来增加速度。将臀部和躯干朝着目标的方向转回。你应该将重心连同飞盘一起从后腿移动到前腿。在掷盘出手前，用一个快速的甩腕使手臂加速，飞盘旋转。掷出它并且让你的右手指向目标。当飞盘飞行时，在原地维持你的动作。左脚应该保持静止，而右脚可以向左前方跨出一步成弓步。记住，对一个右手掷盘者来说，左脚将永远成为你从一边移到另一边的轴心脚，所以在投掷的过程中你不能移动它。

飞盘飞行的过程中注意观察有没有向左倾斜，如果是这样的话，你就过早地松手或者是外围压得太低了；它是不是撞到地上然后翻滚，如果是这样，那就是你掷出得太迟或者将外围抬高得太多了；它是不是歪斜、抖动的，如果是这样，那么飞盘需要更多的旋转并且你的掷出需要更加顺滑；它是不是在朝你的搭档前进的时候，缓慢不规律地旋转，但是仍然可以待在空中，如果是这样，你已经在很好地掌握极限飞盘的第一种掷盘法的过程中了。

图 3 - 5　反手掷盘

2. 变化形式

在学习怎样投掷出一个漂亮的平击反手后，运动员们要准备学习这种掷盘法的两种变化形式：外摆反手和内摆反手。

外摆反手：这种技术是在投掷常规的平击反手的基础上，在掷出时稍微抬高一下外侧。比起常规的平击反手，你也应该轻微地将你投掷的那个手臂从身体旁边更多地伸展开。但是，不要将你的手臂向上抬高到左肩。在胸部的高度掷出飞盘，而不是在肩膀的高度。现在，轻微地弯折手腕，以便于飞盘看起来像正在翻转一样。这种技术将会使飞盘按照一个从左到右的轻微弧形的路径飞向接盘者。接盘者不朝着飞盘向前移动，飞盘应该仍然会最终飞向他。极限飞盘运动员经常使用这种掷盘法来面向防守者投掷，尤其是在联防的时候。

内摆反手：降低飞盘的外围。准备常规反手投掷的动作，但是投掷的那个手臂在摆动时要比常规反手更靠近身体，就像钟摆一样。你的手腕应该保持稳定。飞盘在从右到左飞行的时候，应该在大部分飞行轨迹中保持外侧向下的角度。当然，要再说一遍的是，要保证能进行跟进动作。这种掷出不像外摆反手一样普遍，因为运动员必须穿过身体投掷并且防盘者可能会有阻挡动作。这种掷盘法在出盘方面不利，这就是为什么会有正手投掷了。外摆和内摆都学习后，将会在以后帮助你在风中进行远传。

图 3 - 6   外摆反手

图 3 - 7   内摆反手

> **基础投掷小贴士**
>
> 在任何一次弧线投掷的时候,你都不需要太夸张地提高或者降低边缘。在掷出时的一个小的变化形式就会造成飞行轨迹很大的改变。

第三节   正手技术

一   握法

1. 基础握法

飞盘的盘沿放在虎口位置,中间不可以留有空隙,中指指腹贴紧于飞盘的盘沿内壁弧圈位置，食指朝盘底部的中心伸展支撑飞盘。这种握法的优点是可以很好地控制飞盘，缺点是力度不够。这是因为食指伸开的时候，你的手腕无法往后竖过来。

图 3 - 8　基础握法

2. 强力握法

第一种，食指紧靠中指，紧贴于飞盘底部的内沿。这样手腕可以往后竖过来，给予飞盘更多的动力，因而出盘可以更有力。但是运用这种握法，飞盘容易失去控制，因为没有手指支撑着它。如果出盘时盘和手腕的角度不一致，盘会上下摆动，导致其飞得不够远。第二种，对第一种方法稍微有所改进，食指和中指稍微弯曲。掷盘前，盘会在这两个手指的作用下保持平衡。在保持平衡性的方式上，这种提法与下面要介绍的混合握法有点相似。这种提法也适合于掷正手高位盘。跟反手掷盘一样，拇指应该紧紧握住飞盘，这样可以使飞盘更好地转动，有利于克服风的影响，因此在出手后，飞盘不易摇晃。

图 3 - 9　强力握法

3. 混合握法

类似于反手的混合握法，但并不常见。你不需要将食指和中指平行，食指应该是弯曲着的。食指和中指的指肚都牢牢地压在飞盘内缘。食指的弯曲部分可以起到支撑飞盘的作用。手腕依然可以往后竖过来，增强出盘力量。准备掷盘时将盘握平，这有助于你掷出一个漂亮的正手高位盘。

图 3 - 10　混合握法

二　掷法

1. 姿势和动作

当正手投掷时，请面对接盘者。握住飞盘使其轻微往回离开身体，保持肘部靠近边缘。保持左脚固定的状态，向一旁移动右脚并且轻微向前。将重心放在右腿上，并且轻微弯曲右膝。将手臂带回一点，然后开始向前移动到腰部。继续看着接盘者，确保你没有将外围带高。以肘部作为主导，前臂随之运动。然后手腕应该弯折，伴随着一个类似于你掷出一个石头时用的动作。快速掷出飞盘，并且让你的手指向接盘者。手掌应该朝着天空。一个可辨认的正手应该使飞盘成功地飞向接盘者。摆动手臂和掷出是这种掷盘法中最难的部分。不要像扔一个排球一样举手过肩投掷一个飞盘。这种掷盘法更像是球类运动的侧投球或者网球中的正手。

2. 变化形式

正手与反手一样有相同的两个种类：外摆和内摆。一个运动员需要

图 3 - 11　正手掷盘

会投掷这些不同的正手类型，就像一个网球运动员需要会用正手在赛场的大部分区域进行回击。

外摆正手：当你用一个外摆正手投掷时，仅需要将外围抬起来一点。如果飞盘开始翻转或者翻滚，那么就将外围再降低一点。这种掷盘法是通过将肘部移动得距离身体更远，最终你应该大幅度地伸展手臂。向着肩膀稍微抬高一点你的手臂，将会使飞盘在一个轻微的从右向左的弧形轨迹上飞行。需要强调的是，在这种掷盘法中，投掷曲线弯曲过多会把飞盘变成一个刀片，是初学者很难掌握的一种外摆的极端模式。运动员们会在一个区域或者是可以进行远传的空间上使用外摆正手出盘，来绕过防守者掷出飞盘，并且接盘手可以通过跑动接盘。

图 3 - 12　外摆正手

内摆正手：内摆正手被看作掷盘者军械库里最有价值的武器。向身体的左边投掷，同时右手臂在前面交叉。飞盘的前沿应该轻微地提高，而外围应该稍微降低。此时重心应该在左脚，右脚首先收回或者轻微向侧。然后，右脚向前走。手臂紧靠身体前方摇摆，并且当右肩向前直到胸部正好朝向目标时，左肩转回。你要敲击并且掷出飞盘，手要指向接盘者。内摆正手是打破防守的必要技能，这也是它这么有价值的主要原因。运动员们通常向走近场地左边的跑位者（接盘者）用内摆正手投掷，内摆正手是一个在传统的一对一防守中防守者缺乏的、能够进攻对手的技能。

图 3 – 13　内摆正手

第四节　过顶掷

过顶掷盘与反手和正手的不同之处在于它倒置飞行。它是极限飞盘掷盘法"三头统治"中的第三位成员。飞盘从未打算倒置飞行，但是早期的极限飞盘运动员倾心于一个飞盘可以跟从许多条轨迹线，使飞盘在单一通道平稳地飞向接盘者是不够的。有人将飞盘倒置并且持续对掷盘法稍做调整，直到它变得更加可预测且抓得住。细心的极限飞盘运动员主要依赖于反手和正手，选择种种掷出点和一些角度，并且谨慎地使用过顶掷盘法。然而，过顶掷盘有时是打破防守包括一个区域的防守最完美的掷盘法。一个瞄得准的过顶掷盘几乎是不可能阻止的，而且看到队友接到你的过顶掷盘是非常刺激的。

一　握法

过顶掷盘的握盘方式与正手的握盘方式是一样的，唯一的不同点在于过顶掷盘的握盘要比正手的握盘更加紧一点。许多极限飞盘运动员经历过在用过顶掷盘投掷前挥舞手臂但是把飞盘握得太松的尴尬局面，结果就是一个下降的飞盘下行撞击到掷盘者的背部，而在掷盘者面前的是一只空的手。所以，当你仍然能够平缓地掷出时，确保尽可能紧地握住飞盘。

二　掷法

过顶掷盘的动作与网球中的发球或过顶扣球是相似的。请面对着你的投掷搭档。从飞盘在一边开始，就好像你要掷出一个正手一样。握紧你的飞盘并且轻微弯曲右臂将飞盘移动到头顶上方。不要弯曲你的膝盖，保持目视接盘者。飞盘应该在头顶上方，将其倒置并且大约与地面呈45度角。右腿应该在后面外边。你必须维持左腿是轴转，左脚不能移动离开它的位置。当你掷盘前挥动手臂的时候，大部分的重心应该在你的右腿。当手臂向前移动的时候，重心要转移到轴心腿。

图 3－14　过顶掷

这种掷盘法最不寻常的方面在于你不应该以接盘者为目标。反而，你要在你的搭档的左边选择一个点作为过顶掷盘的目标，最好是在他的右肩上方。过顶掷盘将不会飞越你的搭档，而会沿着一个从左到右的弧线飞行然后落向他。你必须在头顶上方很好地掷出飞盘。你会感觉到好像在向上投掷而不是向前投掷。你也许应该想象一下，在你和你的搭档之间有一棵树，并且你必须投掷飞盘越过它而不是穿过它。当然，你会需要一些向前的动力，但是飞盘会向上飞行然后向着你的搭档下落。它不应在一个线上飞行。你应该在你的头顶上方很好地进行跟进动作。飞盘应该是落向接盘者而不是远离接盘者，并且要容易被接住。

过顶掷盘的价值在于它是一种出其不意的掷盘法。它经常能让防守者措手不及，因此能够在防守者反应过来之前开始一轮快速成功的传递。除内摆正手以外，玩家经常在跑近场地的左边时用过顶掷盘来投掷。不要滥用过顶掷盘，因为它是很难掷出和接住的，要明智地用它。如果你的队友在比赛中频繁地失掉你过顶掷盘掷出的飞盘，你应该把它放一边，直到你能够完美地运用它并且你的队友能够更成功地把它接住。

第五节　接盘技术

如果接盘人没有接到盘，那么再好的投掷又有什么用呢？对于新接触运动的接盘者来说，抓住飞盘远比抓住球困难得多。他们相信飞盘和球会以相似方式运作，并且期望能够像追踪球一样追踪飞盘，但是这两者是截然不同的。与球相同的是，飞盘能在一定距离里被扔和接住；与球不同的是，飞盘能以无数种弧度飞行，而且能像飞碟一样悬停在空中，或者能对着预期的目标垂直落下。此外在有风情况下，飞盘的飞行难以预期，无经验的玩家投掷时，他们并不能预料到会发生什么。以上因素决定了必须学习如何预测飞盘的飞行轨迹和接盘技巧。经验能够教会玩家飞盘是如何飞行的，本节会通过展示一些基本技巧和成功抓住飞盘的基本动作原理加快你的学习进程。

一　接盘要领

1. 集中注意力

想要成为可靠的接盘者，就必须能够保持注意力高度集中并在面对防御压力时适当放松。玩家经常由于注意力不集中或面对压力太过焦虑而掉盘。为了能在高速移动时轻松接住飞盘，玩家需要练习在飞盘靠近时用最高速奔跑。重复练习对玩家轻松准确抓住飞盘是有决定性作用的。在极限运动中意外情况很少出现，模拟精神挑战会帮助玩家在接盘时集中注意力，放松心态，提高自信心。在介绍特殊形式的接盘前，我们会提供一些训练来帮助玩家在接盘时集中精力并放松心态。

2. 使飞盘停止旋转

初学者可能会认为飞盘会轻轻地停在他们手上。他们相信能像守门员抓住足球或橄榄球一样抓住飞盘，然而飞盘这个旋转的塑料物体在接触到皮肤时会反弹出去，初学者常常错误判断飞盘的旋转方向和旋转影响并用力伸长手臂试图抓住飞盘边缘，这时飞盘便会跳飞出去。抓住飞盘的关键点是对飞盘施加压力使它停止旋转。如果飞盘被带着一些转速扔出，或接盘者的手出汗了，或接盘者只能用一只手接住它，这些都会增加接盘的难度。

二　接盘方法

1. 双手夹盘

这是所有接盘方法中最基础的。按照理想的方式，这种接法是为了方便让盘飞向你的身体，你要一手放在盘的顶部，一手放在盘的底部。以右手为例，如果习惯放在底部的是右手，那么放在顶部的就是左手，反之亦然。

图 3 – 15　双手夹盘

尽管这个方法既可靠又有效，但它也有局限性。在过高的位置双手夹盘是非常困难的，位于上方手的前臂会和飞盘平面垂直，这样容易使飞盘撞到前臂造成掉盘。此外双手夹盘不适合接太远或在身体一侧的飞盘。这是因为在飞盘距离太远或在身体一侧时想要接盘，前进时就必须将上半身扭曲，这会影响接盘的时间和精确度，在高速奔跑时，这种影响更加明显。在这种情况下夹住飞盘时手往往会不重合，飞盘便会脱手。飞盘在身侧时尽量不要用双手夹盘法，因为玩家在接盘前的奔跑时一直要用手臂保持平衡，无论飞盘以何种转速到达身侧，在合适的时机用合适的力量接住它都是困难的，接盘者经常会由于伸手慢而未接到盘。正如之前所说，在飞盘以中等水平高度笔直飞向躯干时，玩家可用双手夹盘法。此外，接盘者可以通过跳起或俯身向飞盘滑动的方式来扩大接盘的范围，在双手夹盘法中，玩家应侧重于调整躯干水平高度而非前臂举起的高度。前臂和飞行的飞盘平面必须保持平行。如果飞盘在一侧或对双手夹盘来说太高或太低，玩家最好使用双手或一手抓边框的方式。

2. 蟹钳接盘

顾名思义，和螃蟹的蟹钳一样夹住飞盘。使用这种接法时，你要用双手并排去接盘，双手一般相距三四英寸。如果飞盘高于肩膀，则拇指朝下，其他手指置于顶部；如果飞盘低于肩膀，拇指要置于顶部，而其他手指放在底部。称其为螃蟹接法是因为双手看起来有点像爪子，而且会像螃蟹那样在身前抓着某样东西。在大多数情况下，这种接法不比薄饼法好。理由是在垂直方向上用来防止失误的可控误差范围不够大。你会由于接得过高或过低而漏掉飞盘，而一旦漏接就会造成失误。如果没有很稳地接住盘并且双手不柔软，盘就会从你的双手反弹出去。对于几乎所有低于肩部的盘，你都可以弯曲双膝用薄饼法去接。虽说如此，但有一些理由也说明螃蟹接法可能会更好。对于高于头顶的盘，螃蟹接法可能比单手更可靠，这样接住盘时，手臂的位置更适合快速掷盘。

3. 单手接盘

在任何时候，任何动作下都可以完成单手接盘。这是所有接盘类型

图 3-16　蟹钳按盘

中的高级技能。如果要在比赛中有出色的表现，必须掌握单手接盘。如果可以用很简单的薄饼法接住飞盘，却因为用单手接盘而掉盘失误，你就会在比赛中浪费进攻机会。一开始，多数人会将他们的胳膊和手伸向飞盘去尝试接盘，像抓一块烙铁一样抓飞盘。下一步就是，在飞盘进入手掌之后和从手弹出去之前的间隙用近乎0.1秒猛地紧扣手指。为防止掉盘情况出现，你要将手腕和肘部变柔软。因为飞盘遇到你的手时，会逆向运动并且吸收能量，给你更多时间扣上手指。真正的飞盘高手看上去

图 3-17　单手接盘

差不多都是在朝着自己所在的方向往后扯飞盘。虽然知道了以上内容，有时候你没有机会遇到传得很到位的盘，盘就会扔到你身后，或者高高地越过头顶。在这些情况下，就要靠练习和直觉来应对。至少在一段时间内，你一定要练习去接那种绕过你的传盘，同时一定要去练习用那只不熟练的手去接盘。

4. 扑接

之前说的所有情况都建立在相对抓得住的掷法上，那些能接触到的掷法有低的、高的，或远离身体两边的。使极限飞盘与其他运动不同的接法是扑下去接盘。玩家在无数运动中都会扑潜下去，然而扑接在极限飞盘中出现的频率是最高的。事实上，很多精英玩家声称他们只有在比赛中扑下接盘后才在极限飞盘场地上寻找到快乐。愿意扑接的意愿扩大了接触到飞盘的可能，使切盘者或防御者能够创造出壮观的飞盘比赛场面。但是扑接错误的话，会导致比赛失败也会造成受伤。接下来的建议会帮助玩家获得精通极限飞盘运动中独特的技巧。

5. 跳起接盘

极限飞盘运动中有多种水平高度，低至地面高至天空。因此，玩家接盘的垂直范围要扩大。如果飞盘比较低用两只手接比较好；如果飞盘太高或者防御者在快速接近，最好用一只手迅速接住。成功接住高处飞盘的关键是解读飞盘的飞行路径，把握防御者最爱用的姿势，计算玩家起跳到最高点接到飞盘的时间。简单来说，我们假设无风和基本没有其他状况的情况下，当为了高过头顶的飞盘跑位时，辨认飞盘的飞行方向是非常有用的。从接盘者面向掷盘者的视角，顺时针旋转的飞盘会最终落在右边，逆时针的飞盘情况相反。考虑到这个结果，玩家能更快到达飞盘下落点并且在第一时间跳起来接住它。如果玩家是独自一人在公开区域，接住高处的飞盘更容易。然而当掷来的飞盘悬停在空中，可能会有一两个防御者跑来接盘时，玩家必须熟知飞盘的反应并尽可能早地用最佳姿势起跳接住它。玩家应该要双脚都能起跳，双手都能接盘。当防御者在施加压力时，用惯用脚起跳或用惯用手接盘并不总是可行的，所以玩家要锻炼出双手双脚都能用的能力。练习时要在这些技巧上花些时间。

图 3 - 18　跳起接盘

　　起跳有用双脚和单脚不同的情况。当高挂在空中的飞盘落下时，像篮球运动员投篮板球一样的标准双脚起跳会让玩家跳得更高来接到飞盘，像投篮球一样用双手接盘能加大玩家接到盘的概率。如果玩家在得分区，或者玩家需要有效抢位，双脚起跳可能不利于抢得先机。为了跳得更高来接盘，玩家必须单脚起跳、单手接盘。这在玩家追接高空盘而大跨步离开公开区域时也适用。

第六节　传接盘基础练习

一　练习方法

1. 持盘模仿练习

要求体会连贯性动作，注意出手点的变化和盘的倾斜角度。

2. 两人练习

要求距离由近到远，速度由慢到快，注意传盘的稳定性。熟练后，一次正手、一次反手弧线掷盘。

3. 三人练习一

要求一人站在两人中间，传盘越过中间的防守者，注意增加盘的弧线。熟练后，进行正、反手弧线掷盘练习。

4. 三人练习二

要求增加一名防盘手，加上假动作摆脱防守，注意侧上步要大，降低重心和出手点。正、反手弧线掷盘均可。

5. 多人多盘练习一

要求一人传盘，多人按顺序接盘，接到盘后迅速跑到掷盘者身后，将盘放到掷盘者脚下，然后跑到排尾。一轮接盘结束，换人传盘。注意体会动作和传接盘时机。

6. 多人多盘练习二

要求一人传盘，多人按顺序接盘，加上摆脱切出，注意眼神交流和传接盘时机的把握，接到盘后，掷回给传盘手。掷盘手传盘要求一次正手弧线，一次反手弧线掷盘，一轮结束后，换人。

二 注意事项

因为飞盘和球几乎没有共有的飞行特征，抛开那些如何让一个物体飞起来的旧观念，有很少球类运动经验的小孩子常常能比相对会投球的人更快、更容易地学习怎样扔飞盘。他们没有任何需要去掉的弊习。这里的一些建议将会帮助你为将要做的投掷行为做好心理上的准备。

第一，做好失败的准备。虽然普遍认为每个人都能扔好飞盘，但是飞盘扔得不够好也时有发生，并会令人沮丧。当一个飞盘在半空中歪掉然后翻滚到地上或者差点削掉小伙伴的脑袋时，你也许会想放弃，但是我们不能放弃，因为一旦你让飞盘漂亮地飞起，你将会忘记你之前所有的错误。

第二，挑选一个比你强的、有耐心的掷盘者一起练习。不要害怕自己看起来傻，仔细观察你的搭档，并且尝试去辨认他投掷过程的步骤。模仿你能模仿的，在场地上不断移动，在各个方向进行投掷。观察你的搭档是如何调整他的出盘和动作。不明白的地方就要问，但是不要给自己太大压力，放轻松，让自己体会飞盘的乐趣。如果你找不到一个愿意陪你练盘的人，那么你可以看下条建议。

第三，独自投掷。不要对独自一人在巨大的场地挥洒汗水而感到尴尬，很多认真的飞盘运动员可能有很多时候都是这么做的。你需要用内心的拼搏精神去实现所追求的目标，而且独自掷盘给了你时间集中精神去练习短传与长传，也可挑选一个靶子看看需要多少次才能击中。多尝试在有风的时候出盘，不要等待一个温暖晴朗的日子才去玩盘，极限飞盘运动员在各种各样的状况中竞争，习惯了在风雨中玩盘，将来就会越来越好。

第四章　极限飞盘进攻技战术

关于进攻的基本理论非常简单：不要掉盘。每个人都应该创造一个简单而直接的能传给跑位者的投掷机会。即便是一个非常漂亮的过顶掷盘，若是接盘的队员无法接到盘，也是一种失误。

第一节　个人进攻技巧

一　掷盘

在之前的章节中你已经学习了掷盘和接盘的基础知识。虽然你可能在这两个方面的技巧上已经树立了信心，但在参与真正比赛的时候会发生什么是难以预料的。对方队伍的目标是使得你方队伍难以掷盘和接盘，他们致力于促进你方的失误。所以，为了在比赛环境中培养其他的优势，需要想象一个比赛回合已经开始，而你已经开盘的场景。

你已经接住了对方的开盘，飞盘在你的手中。你面向前场，你的工作是传盘和开始你方队伍的攻击行动。你不能让首次传盘就被防守者切断。你方队伍的攻击计划可能已经确切地指示首次投掷的朝向方位，特别是如果你要传盘或者被困在边线时，仍然需要纵观全场，确保你审视了场地全貌——看看后场和前场、左边和右边。你现在已经选出一个接盘者。他正在疾速跑向你能轻易发盘的空位，双方队伍没有人阻挡他。确保你方的接盘者距离他的防守者足够远。一些接盘者距离防守者仅有一步。所有的这些计划发生在你方进攻时间的前几秒。跳过这些步骤会导致失误和对手的得分，因为你太接近对方的得分区。首次投掷的失误会降低你方队伍的士气并给对方队伍打气，这就是为什么不能在首次传盘中失误的原因。

二 跑位

极限飞盘的根本就是跑位，这是极限飞盘区别于其他任何运动的要素之一。跑位是接盘队员向飞盘落点冲刺的跑动。如果在跑位过程中过于怠慢，就是在帮助对手防守自己。时刻看着掷盘者，即便进攻队员跑离掷盘者，也要转头去看。有可能防守者停了下来，而使进攻队员获得很大的空位，掷盘者需要的仅仅是眼神交流。进攻队员只需往空位一侧跑位。而防守者也会尽量占据空位，进攻队员也需要做假动作，并努力去抢占空位。沿着与最后一名跑位者相反的路线去跑位，如果最后一位跑位者在跑向空位一侧，那么进攻队员应该跑向非空位一侧或者其突破防盘的一侧，即防盘者的封堵区域。如果掷盘者传盘给某一进攻者，代表次进攻队员获得空位。有效跑位指的是你在对的时间和地点将自己定位为一个能找到空位的接盘者。如何找到防守者的突破口？你可能是一个杰出的接盘者，但是如果你不能找到空位，你将不会成为你方队伍进攻计划中的一部分。实际上，如果你没有有效地跑位，你将妨碍你方队伍的进攻。

图 4-1 跑位

下面介绍跑位技巧。

1. 放低身体

冲刺运动员在起跑线上准备跑 100 米的时候都不是站直的，他们通常缩成一团和放低身体。这对于想要充分发挥能力冲刺的极限飞盘选手来说同样是正确的。如果你屈腿，降低重心，你将几乎能够立刻使自己进入完全的冲刺状态中。尽管你可能在生死冲刺中仍然跑不过你的对手，但是此时你已进入下一步了。

2. 碎步

你现在正在接近全速地跑位，但是你想要改变方向去找一些空位能够去接盘。你不想降低速度，站起来然后直接朝另一个方向前进。如果你这么做了，你的防守者将会一直紧跟着你，你要做的是轻微地降低速度，保持低位，小碎步，将你的重量放在你的脚掌上，尽可能快地移动双脚，好像你正在扑灭小火苗一样。当你正在这么做的时候，集中精神为你即将朝某个方向移动做准备。你可能正直接在你的防守者的面前跺脚，然后计划突破他，向右边或左边。你移动的距离或长或短，然后当你跑步经过你的防守者的时候完全改变方向。

3. 爆发

在最后的阶段你向想要去的方向冲刺。放低身体，小碎步，你尽可能快地冲刺向空位。如果你正确地做了这些，你将把你的防守者甩在后方。对方队伍中没有人能准确地知道你跑位的路线，所以没有人能完全确定怎样或是去何地拦截防守你。

三　轴转

极限飞盘综合了各种运动项目的规则，其中之一就是篮球。在篮球比赛中，一旦得到球，就必须确立一只轴心脚。这需要在移动某只脚的时候，另外那只自动成为轴心。玩家通常要用自己不熟练的脚作为轴心（对于右撇子玩家是左脚，而左撇子玩家是右脚）。一旦拥有飞盘，就要准备去掷盘，掷盘者要确定自己确立了轴心（轴转），并在平行于得分线的方向上沿直线左右迈步。这会迫使防盘者灵活地进行防守，也会让掷盘者得以获得空间去传盘给跑位者。大概90%的出盘阻断都是由于掷盘者没费心去做假动作和轴转。如果掷盘者朝前后方向轴转（垂直于得分线），那么结果会背向一半场地。这也会使对手的防盘更加容易。通过在一条直线上的轴转（同时保持平衡），能够保证整个赛场在掷盘者面前并获得很好的视野。

四 跑开

进攻队员刚刚从队列后方完成一次很艰难的跑位，但最终没能接到传盘。也许掷盘者不喜欢那样的传盘（也就是说，他不确定自己能传出飞盘），或许此进攻队员的防守者已经到位，也可能是其他防守队员来切盘了。这时此进攻队员应该去做的是跑出这条路线，同时把自己的防守者带出这条路线，这样其他人可以跑位进来。如果他不这样做，就会阻塞传盘，这就是"跑开"。另一种需要去跑开的情况是在刚刚传出飞盘之时，出盘后立即跑向前场，如果这样做，接盘者会很难被防住。但是，一定要回头看掷盘者。一般而言，接盘者要去循环跑，——跑出传盘路线，绕出防盘者的封堵区域，然后抵达队列后方，这样就可以再次跑位。

五 突破防盘

突破防盘指的是掷盘者仍然可以将飞盘掷向防盘者尝试阻断的场地区域。这可能是你作为掷盘者获得的最有用的技能。在你可以在突破上胜过他人之前，你必须拥有掷盘、假动作和轴转的技能，或者应该尽可能快地开始培养这些技能。突破防盘意味着你要准确地将飞盘投掷向防守方不希望你投掷的地方。你仅在被逼投掷向一条传盘线或另一条投掷线的时候尝试突破防盘。你可以使用不同的掷盘方式。如果你能够突破，你的队伍将更容易得分。

假设你正被逼向正手掷盘，很可能被困在边线。这意味着你的防盘者靠近你的左侧。他正鼓励你使用正手掷盘将飞盘掷向逼向一侧，并阻碍你反手掷盘向他正掩蔽的一侧，也叫作突破侧。你看见一个跑位者冲刺向你反手掷盘的突破侧，你想要反手掷盘给他。你首先要做的事情是面向你的防守者。这是一个掷盘者为数不多的背对着得分区的情况，你将转向一条边线作为替代。面向你的防守者现在已经变成了一种径直逼向，并且你已经知道在这种情况下要做什么。你做一个快速的正手掷盘向前场的假动作来将防守者引过去。然后你迅速轴转向反手，放低身体尽可能宽地摆弓步，从他的右侧低位反手掷盘从而能使接盘者在突破位接到盘。当然，时间对完成一个好的突破防盘掷盘很重要。这比你向逼向侧掷盘有更小的误差界限，因为你正向一个更小的区域掷盘。你必须确保飞盘到达接盘者的前方，且防守方没有机会截到飞盘。低位反手掷盘向突破侧的另一个优势是，防守者经常切取和尝试阻断内弧反手传盘路线，他会滞后于他的防守人来阻断路线，你可以离开反手突破位置，你方的接盘者可以在没有防守者的情况下很容易地继续进行进攻性的连传至得分线。

第二节　团队进攻战术

一个单单培养队员个人能力而忽视有组织的进攻策略的队伍在赛场上是难以取得胜利的。在赛场上，仅仅依靠混乱中传盘和跑位越过对手来得分是远远不够的，一个队伍应当有计划地跑动防止在赛场上出现队形混乱，并通过配合更好地发挥每位队员的作用。任何一个出色的极限飞盘队伍都会在进攻阵容中采用一种到多种队列战术。队伍可以采用不同的战术变化，也可以通过想象创造出新的战术。在这一节我们将讨论一些常见的战术，许多进攻的战术都是约定俗成的，例如垂直的直线队列（竖排）就是一种经过了时间考验的战术，是当今极限飞盘运动中最流行的队列战术。

一　竖排进攻

竖排意为一条由跑位者在赛场中央排成的单列垂直队列（见图 4 - 2）。这是一个在极限飞盘运动中的常见景象。这样的队形每次都能给接盘手打开正反手的通道便于其完成一次跑位。当一位队员正在跑位时，其他队员都保持在队列中或者远离队伍以使不阻挡切盘人跑位路线，同时等待下次跑位的机会，在这个过程中最重要的是保持跑位通道顺畅，确保没有人挡路。遵守以上规则，进攻就会变得十分有效。竖排排列在控盘手（Thrower）的前场，进攻队员列队的区域被称作"死角"——进攻方就在这片区域中进行跑位。进攻方接盘的区域被称作"跑位区"或"通道"，除了准备接盘的跑位者之外通道中必须保证空无一人（见图4-3）。在队列战术中轮流跑动容易做到，因此更容易接到一个传盘。当一位选手没有获得空位或者掷盘者未把盘传给有空位的他而是传向另一位跑位者时，他应当立刻回到死角中，尽可能迅速地空出通道的位置。快速有效地空出通道不仅能为队友跑位提供空间，还能为优秀的控盘手提供另一次出盘的机会。

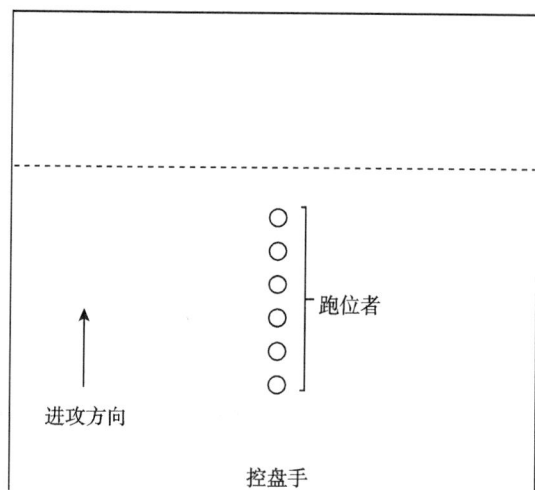

图 4-2　竖排进攻图示一

　　理论上来说，队列战术便是让队员不断运动来调整自己在赛场上的位置，即让完成跑位的队员能够快速进入死角，为下一次传盘跑位空出位置来。通过这种队列战术，较弱的队伍可以进行一次跑位，并可以加入少量的假动作和少许连传的练习。较强的队伍可同时运用欺骗性的假动作和大量循环跑动，即使面对严密的防守也可以进行多重跑位。流畅的循环跑动进攻是每支队伍都应努力做到的一点。

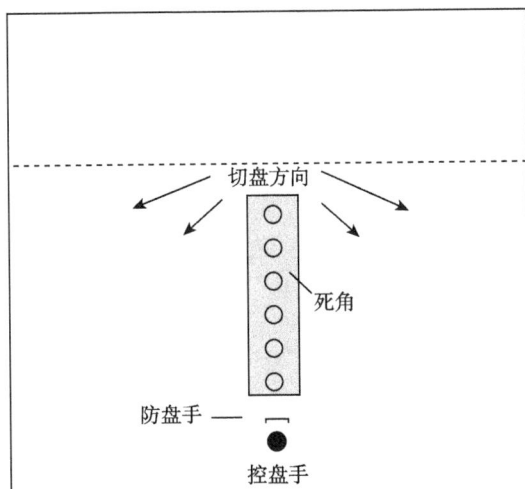

图 4 - 3 竖排进攻图示二

1. 选手之间的间距

队列中的第一个跑位者应当站在距控盘者 5 ~ 10 米处，队列中的队员之间应当保持 2 ~ 4 米的间距。队员之间保持足够间距可以防止混乱，并可以预防阻挡。阻挡是指任意一方选手跑入进攻选手和与其对应的防守选手之间时造成的阻塞。发生阻挡不需要肢体接触。当一个防守者为了保持防守状态，必须减速或者改变路线时，阻挡很容易就发生了。因此，进攻选手必须保持足够间距。

竖排战术在赛场上是十分灵活多变的。进攻方跑位者组成的队列可以朝向持盘者移动，也可以向远离持盘者的方向或者赛场的两边移动。实际上，将队列排列在中心偏左或者偏的位置可以为持盘者和跑位者空出有利的一对一配对空间，使防守方难以防守。这样将队列偏向一边的战术能为跑位者创造更多空间。例如本节即将介绍到的四人战术，队伍在使用这种战术时通常会喊出序列进行示意。同时，如果减少跑位者之间的距离，则可以使队伍变短，远离得分区。这种的队形可以空出得分区前的区域，方便跑位者进行后场跑位，使长传更易得分，更具有威胁性（见图 4 - 4）。

2. 位置和跑位模式

一个竖排（垂直队列）战术的基本概念就是将场上的七个队员分配

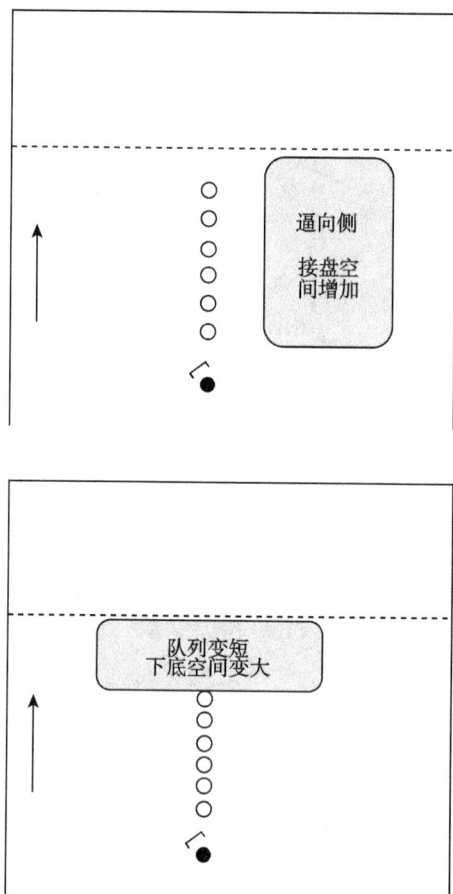

图 4 - 4　进攻选手保持足够间距

为如下三部分：控盘手（Handler）、中锋（Middle）、前锋（Deep）　（见图 4 - 5）。这三个角色的职责是交叉重叠的。

（1）控盘手（Handler）

控盘手类似篮球中的控球后卫，用不同的方式将飞盘分配给跑位者，控盘手是与飞盘接触最多的一个角色。一个优秀的控盘手具有精准而稳定的掷盘技术，可以轻松地攻破防盘者的防守并引导跑位者就位接盘。控盘手一般是队伍中最好的掷盘者和最敏捷的跑位者，可以在短时间内用快速移动为自己赢得空间。控盘手如果不断地冒着风险将盘传来传去是非常危险的，也是队友们所不希望看到的情况。控盘手应当精确计算风险并专注坚守自己的阵地（例如传给第一个有空位的接盘者或自行攻破防盘者）。控盘手必须具有良好的大局观，做出可靠的决定，并全力保持传盘的精准度。

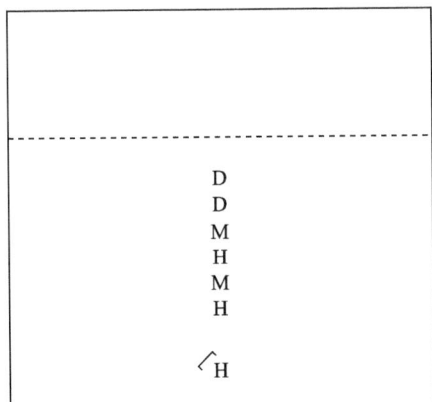

图 4 - 5　队员位置分布

（2）中锋（Middle）

这个角色一般来说是最为传统的跑位者，拥有良好的传盘技巧和跑位切入技巧，位于进攻队伍的前方，一般不负责接来自前场的长传。类似篮球中的得分后卫或者小前锋，他们可以自己创造得分或者去接来自控盘手的传盘。他们蓄势待发并时刻准备着攻破防盘者的防守来接到飞盘。一个优秀的中锋能够观察并利用整个场地，控制好飞盘移动的轨迹，使飞盘在自己和控盘手之间进行流畅的传递。

（3）前锋（Deep）

前锋也称为下底者，一般是队伍中最高或是跑起来最快的队员。根据其在队伍中的不同位置，他们可能会从队伍后方或者远离前场的地方切入。有一些擅长精准长传的队伍会把他们的前锋布置在控盘手旁边，面向整个竖排队伍，这样前锋可以不受飞盘运动路线的限制，这时如果控盘手可以进行一个穿越整个赛场的精准长传，就能创造精彩的得分瞬间。

3. 布置多种跑位

当然，不管初始位置在哪里，一个队伍都会让他们的队员移动到队伍中不同的位置让防守方难以预计他们的进攻计划。注意图4-5中多样的布置和顺序，一支队伍将它的前锋布置在队伍后方，等待中锋接住控盘手的传盘，然后自己再进行跑位；另一支队伍（见图4-6）在进攻连传开始后第一次跑位时，将一个控盘手带入队伍最后方，前锋则从队伍中间长距离跑位接上。

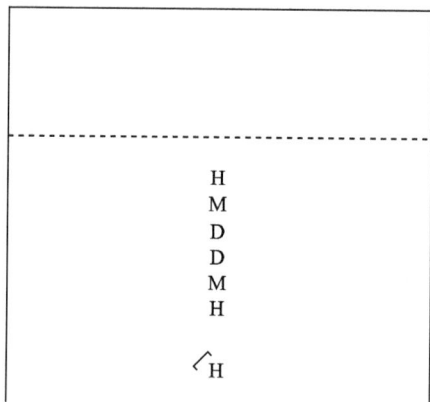

图4-6　跑位战术图示

（1）关于复位跑位者

很多队伍都会在队伍外面布置一个被称为复位跑位者的控盘手（见图4-7）。当持盘的控盘手前方被防死时，他位于持盘者的斜后方；当持盘者处于突破防守的状态时，他站在持盘者的水平位置（防守者身后）。这样的布置可以减少前场跑位者的数量，为其他跑位者创造更多空间。同时，当前场跑位者都没能突破防守时，复位控盘手相对地会更加快速容易地接到飞盘。布置一个复位跑位者是进攻队伍在移动同时保持优先进攻领地的有效手段，特别是对那些传盘技巧尚不熟练精确的队伍。

（2）队列的循环

循环队列是一个十分重要的团队技巧，可以使队员在一个被防死的区域完成跑位并清空通道回到队列——这实际上是循环他们的进攻连传。通过快速清空通道，活跃的队员仔细观察便可以轮流为自己或队友创造或者抓住机会。完成循环需要的是交流、自律和练习。不然，队员间会互相阻碍，在传盘区域制造拥堵，队伍将难以向得分区推进。一个常见

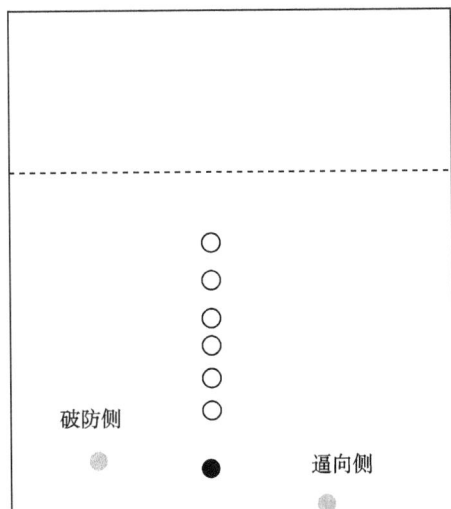

图 4 - 7 复位跑位者图示

的方法就是空出弱侧，或远离飞盘的位置或者运动路线。赛场有飞盘或者飞盘路线经过的一侧被称作强侧。当一个控盘手在正手位接到一个传盘时，如果这时一个队员想向他进行一次跑位，那么在飞盘没有传向他的情况下这个队员必须空出弱侧（向反手的方向）。有些队伍总是在跑位时空出同侧，急转弯回到前场，然后再快速回到队列。不管你的队伍选择的是什么战术，你必须有一个所有队员都遵守的统一安排。战术安排可使每个队员更加清楚自己在赛场上的位置，他们在不跑位的时候可配合队友循环队列，为队列进攻战术提供无限的可能。在每个队员跑位分配上发挥想象力，加上努力训练进攻阵容的循环，可以有效地提高队伍实力。

为了提高进攻连传的技巧和切出的精准时机，可以采用三队连传训练。这种训练实用、快速、灵活，采用这种训练的队伍在进攻中表现优秀。为练习设立一个目标，让队伍挑战一定数量的连续得分，中途不得有失误，或在一定时间内（5 分或 10 分）尽可能多地得分。

二 边线（围困状态下）进攻

防守者喜欢将进攻方困在边线处。这样的战术一般会很成功，因为进攻方传盘通道将会变得窄很多。防守者移动到离边线更近的位置，使进攻方难以仅仅通过争夺有限的传盘通道来进行后场重置和破防传盘，而因为边线变成了一个额外的防守者，前场的防守者可以有多余力量来防守狭窄的通道，使进攻方不能进行任何轻易的重置或者任何破防掷盘。一个进攻方必须努力学习如何对付这种常见的情况，这样的团队技能需要时间来练习。

首先，让你的队伍站远离常用侧，也就是飞盘现在所处的位置一侧。这个调整可以为跑位者和掷盘者空出出盘的大量空间。如果你的队伍变得焦虑，会开始向常用侧移动，你必须避免自身出现向常用侧转移这样的本能反应。这样做的后果就是进一步减少你的对手需要防守的通道宽度，这样自然会使他们的防守更加简单。所以你至少要你的队伍站到中线处，甚至更远处，倾向于弱侧的位置（见图4-8）。这样做可以增加防守侧空间给跑位者更多跑位空间并且能够得到更多间隔距离，从而给掷盘者更多选择。其次，让一到两个队员站在与掷盘者平行的位置，但是要各自保持10~15米的距离。这个队形被称作L形队列（见图4-9）。这些跑位者既可以快速到常用侧的线上也可以马上进行后场重置。这个队形剪短了中心队列，减少了前场四个队员（两个进攻队员、两个防守队员），创造了一些更为简单和快速的选择。L形队列可以保证防守队员必须注意防守侧，因为你依然可以在那里有很多种选择。注意你必须努力实现这些短程重置跑位来使接盘的位置比前一位掷盘者更加远离边线。否则，除了重置和刷新延时计数之外，这个困境还将继续，防守者将会提高警惕，飞盘将仍然处于靠近边线的位置，边线将会成为一个额外的防守者。

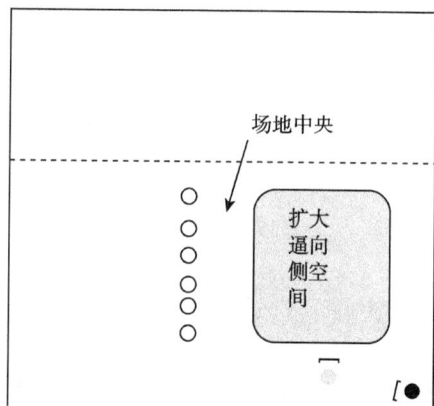

图4-8　边线进攻图示一

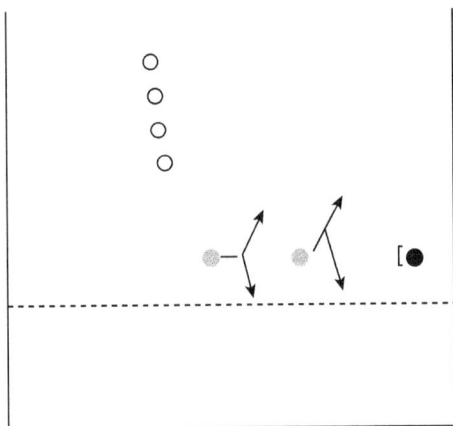

图4-9　边线进攻图示二

三　得分区进攻

任何进攻战术和配置都可能在帮助你的队伍得分时显得十分有效。当队伍必须在近距离将盘打入得分区时就会出现一个得分的障碍，特别是当连传出现阻碍的时候。如同美式橄榄球一样，当队伍跑出场地的长度时，得分就会变得更加艰难。而且，如同在足球中一样，从18米线到得分区的区域被称作禁区。这个名字表明不仅仅在那里转移盘是多么难，而且表明在那里做这件事是多么重要。

得分区的阵型有很多变种和很多由此而生的战术。这里有几种基础的战术你的队伍可能用得上，大多数极限飞盘队伍可能用过其中很多个版本。尽可能不要喊出明确的战术名称，如"洪水"。你不会希望看到防守方因为你而更容易防守，给每个战术起一个只有你的队员才明白的含义独特的名称。

1. 圆锥跑位

圆锥跑位是一个简单的战术，它会使最后一个跑位者或者倒数第二个跑位者以最快速度斜向地到达防守侧前方的一角（见图4-10）。而掷盘手的任务就是传给正在大步前进的接盘手。你同样可以在破防一侧进行这个战术，这一选择对掷盘手来说更加难，因为跑位者肯定是拥有开放空间的，而防盘手从防守侧位置尾随其后。挑选一个队伍中部的人来为他提供这次跑位，并且更快速地展开，提供一个更加简单的角度为掷盘手破防留有更多的空间。如果这个跑位者没有得到开放空间，回传后接着在场地另一边再试一次。不断重复这一过程直到圆锥跑位得到开放空间。如果连传中断，喊出任何 C 开头的词语将会使你的跑位者警觉。加上一个 B 开头的词语来告诉他圆锥跑位将到达破防一侧。队伍将会享受用语言创造线索的乐趣，并且在突发状况中创造更多的交流机会。

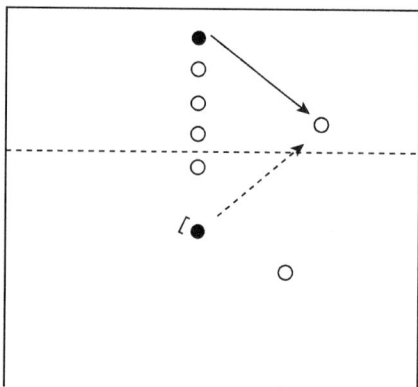

图 4 - 10　圆锥跑位图示

2. 调虎离山

在圆锥跑位刚结束时增加一种选择，进入内部就被称作内切跑位（见图 4 - 11）。当倒数第二个接盘手看见圆锥跑位者经过他的肩部水平线

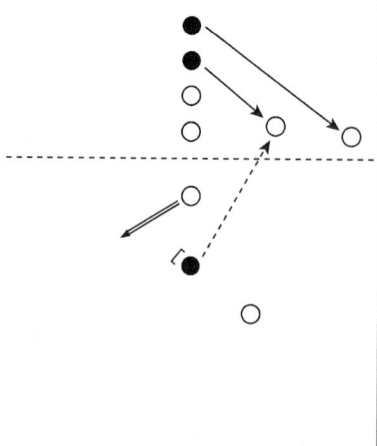

图 4 - 11　内切跑位图示

时，他在一条与他平行的线路上奔跑，这条线大约在圆锥跑位内部 3~5 米处。这个跑位经常能得到开放空间，因为防守者都将注意力放在圆锥跑位者身上，而内切跑位者的防守者毫无防备。这时候，掷盘手就有两种选择了，这两种选择都是很有必要的。

3. 摩西战术

这种战术在盘处于场中上部 1/3 的时候能发挥最大效用（见图 4-12）。队伍中第一和第二个接盘手同时跑位并且确保跑向相反的方向。第三个跑位者随之飞速切入跑向掷盘手。这样的跑位可以沿直线，或者酌情改变方向，或者向破防的一侧，视防守者的位置而定。

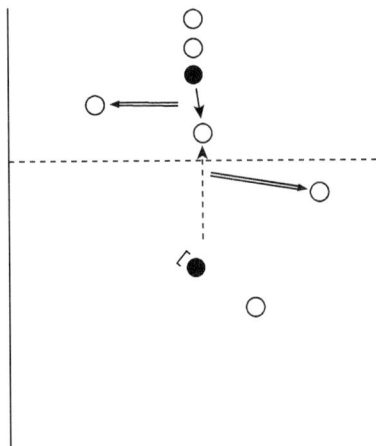

图 4-12 摩西战术图示

4. 孤立跑位

有很多方法可以在禁区隔离出跑位者，其中一个方法就是在通道上安排一个单独的跑位者，以为这个孤立跑位者创造一个一对一的环境。在他能得到一个传盘的机会前，这个接盘手会有 4~5 秒的时间来用假动作欺骗他的防守者。第二个方法是让一个跑位者从一个后场的位置直奔一条无阻碍的通道。第三个方法是让掷盘手直接传给后场跑位者或者一个传中跑位者，接着马上跑位进行传切攻击来得分。还有一个建议是错向战术。所有队列中的接盘手向一个方向跑，唯独有一个与众不同地向反方向跑，这样他就有了一大片跑位通道。

总结

一次有效的进攻需要场上每个人的配合，还需要那些在边线外没有上场的队员进行有效的场外支持。所有的队员需要使自己致力于提升技能并融入队伍的全面进攻计划中。花费时间在基本功训练和战术配合上，比赛中你将展示你作为进攻机器的厉害。只要所有人同意这个计划，几乎任何的计划都会奏效。如果所有人不在同一个节奏上，不论队员的个人技能多强，没有一个计划会奏效。哪些策略相比于其他来说更有效果，这取决于你的队友、你的对手，还有天气。队伍的领队必须决定使用哪一种策略战术来赢得比赛，而每名队员都必须互相信任并努力实现这些决策。

第五章　极限飞盘防守技战术

极限飞盘运动员不仅需要学习如何传盘、切入和接盘，还需要学习如何防守对手传盘、切入和接盘。有效的防守在极限飞盘比赛中起到十分重要的作用，有能力且又老练的防守队员是团队取得胜利不可或缺的部分。很多顶尖队伍都采用分工式的特定战术，即队员专攻防守或者进攻。

第一节　个人防守技巧

一　精神状态

进攻需要传盘精准，并保持耐心和镇静，然而防守需要正确的站位，需要较长时间集中注意力并且能够坚持。在一般情况下由进攻队员决定何时何地切入接盘，防守队员通常处于劣势地位。因此，成功的防守队员会随时保持敏锐与警惕，观察全场的动态从而预判进攻。接盘者可能在任何时候突然切入，变相或是冲向得分区。一名警惕而积极的防守队员能够阻拦试图切入的接盘者，使传盘手没有合适的穿盘路线向其传盘。如果每个防守队员都能切断传盘手简单的传盘路线，对方失误的可能性便会大大提高。

1. 态度

一个高效的防守队员首先需要充满侵略性并拥有坚持不懈的态度。进攻者会尝试着移动脚步，试图创造出安全的出盘空间，以保证飞盘在场地上不断推进。防守队员则必须奋力扭转局势，通过不断的压迫迫使对方传盘手传出低质量的飞盘。紧身贴防的防守队员通过施加压力，封锁传盘手其中一边的出盘空间，将另一边交予在前场的其他防守队员防守，通过这种方法减少传盘手的出盘选择。这样最好的结果便是防守队员成功防好了对面所有分散的接盘手，并堵住了可能的传盘路线，使得传盘手很难将盘传至严防死守的前场，从而被迫在后场不断导盘或者在规定时间内无法出盘（由防守队员大声计数，传盘手需要在 10 秒内出盘）。没有人愿意被防到无法出盘。

2. 注意力

成功的防守队员还需要有敏锐的注意力，密切关注周围的情况。仅仅注意他所防守的进攻者是不够的。在飞盘比赛中，许多事都是在一瞬间内发生变化，而这些变化能瞬间让防守队员失位。防守队员必须注意更多自己所防守的进攻队员以外的事。他需要处在一个良好的位置，能够看清当前的持盘手以及己方对应的防守人员，并不断地观察，因为在赛场上，最多 10 秒钟，飞盘的持有者和所在方位就一定会产生变化。防守队员必须时刻保持警惕。

3. 预判

一个警觉的防守队员会意识到更多潜在因素，而不仅仅在飞盘传盘时才有所反应。他会注意到投手可能获得的各种出盘机会，并在需要的时候帮助其他防守队员。这样的预判需要站在进攻队员的角度来思考：认清场上局势的变化，考虑各种可能性，然后计算出盘成功率（预判进攻成员更可能选择的出盘成功率更高的路线）。比如，在对方得分区的一角，一个传盘手会有几条不同传盘路线并且一般会选择较简单的一条。一位很了解场上局势的防守队员就能预判传盘手会传出怎样的路线，从而更有效地防止他所防守的接盘队员切入接盘。这种预判同样可以帮助队员换防或者离开自己的防守对象（通常是进入对方切入的路线）去防止其他接盘队员切入接盘，或者单纯地暂时影响传盘手，使其无法抓住一闪而过的机会出盘。由于进攻者通常有优势，清楚在何时何地己方接盘队员开始切入，而防守队员必须尽他们所能来防止被切入接盘。比起事后做出反应，防守队员应该先做好预备工作，这是由西雅图中学老师、青年极限飞盘区域赛的推动者 Joe Bisigano 创造的术语。Joe 用这个术语来强调预判的重要性——提前站好位，并且在做出应对措施前先做好预备工作——从而使防守队员抢在进攻队员之前做出行动，抢占先机。防守队员必须提前做好准备工作。

要更深层次地了解如何做出具有前瞻性的预备工作以抢得先机，我们先介绍一下影响防守的概念。进攻无疑具有明显的优势，然而队员和全队在防守时，仍可以做许多事情来决定比赛和得分的具体方式与节奏。在这一章的后半段我们会提供能够扭转局势使其对防守者更有利的技术和战术。防守队员需要高涨热情的态度，细致观察赛场上所有运动员而非仅是他所直接负责防守的运动员以及对此刻和随后可能发生的情况拥有警觉的预判。防守队员应该研究敌方团队的优点、弱点以及他们的比赛倾向和习惯。高效的防御是第二重要的基础技能，对队伍取胜至关重要。

二 逼向防守

准确地传导飞盘是一大挑战，但对那些熟练掌握了技巧的人来说，即使在防守者的压力下，他们也能很轻松地完成这看似很困难的传盘任务。如果防守队员在防守面前的传盘手时无法有效减少传盘手的出盘选择，那么这支队伍的比赛时间不会很长，因为他们的对手可以轻松频繁地得分。防守队员应该努力保持他与队员所施加的压迫力并且不让对方传盘手突破他的防守。如前文所提，当传盘手可以将盘传入防守者身后本该被封锁的区域时，防守者的防守便被破开了（见图 5 - 1）。如何防止传盘手破开防守是一个难题。因此，防守队员应该放弃防守对己方威胁最小的传盘路线。这种路线往往迫使进攻方围绕防守区域横向传盘，进攻方很难向前场推进，并且给予防守队员更多时间来归位防守。

从根本上讲，这种稳定的逼向防守是一种被大大低估和忽视的防守技巧，这种技巧值得队员和队伍花费较多的时间去培养完善。

实行逼向防守后，比赛场地内分为两块区域，逼向防守区域（允许出盘）和破防区（被防守队员封锁）（见图 5 - 1）。

1. 身体基本姿势

高效的防守队员会花大量的时间来锻炼身体，以进行爆发性的横向

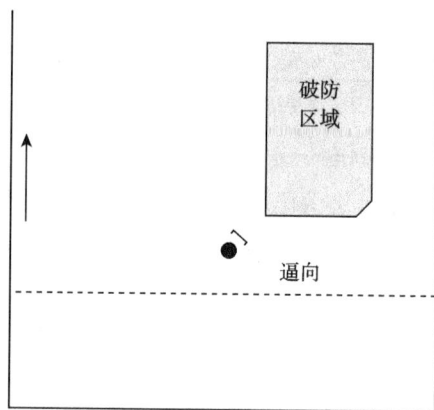

图 5-1　逼向防守图示

移动。防守传盘手需要一个降低重心来保持平衡的身体姿势，双脚处于身体正下方，双脚打开至略宽于两胯。防守队员需要两脚前脚掌着地，平均地承受身体的重量。他必须保证膝盖弯曲弧度大于臀部。这样人的躯干才会挺直，腿部肌肉能够保持激活状态，就像压缩的弹簧那般，随时准备爆发移动。压缩弹簧般的弯曲膝盖可以帮助降低重心，使防守队员在防守时可以更加快速地做出反应。除了保持躯干挺直外，防守队员还要抬头持续观察传盘手的意图和传盘路线选择，在传盘手旋转身体或做出假动作前做好预先准备，并且在假动作和真实出盘间进行分辨。双手需要放低，因为大部分出盘动作都在腰部以下完成，尤其是威胁更大的破防传盘。另外，相比于下蹲来拦截低位出盘，防守者保持双手放低，掌心相对于投手的姿势可以更快地举高双手拦截高位出盘。在进攻方遇到大风天气且必须低位出盘时，这种姿势是最有效的。对于防守时应降低重心原则的偶然例外情况，我们会在团队防守一节，更加广泛地讨论。通常情况下，无论遇到新手或者经验丰富的对手，降低重心是最有效的防守方式。

防守队员必要姿势小贴士

- 由双脚前脚掌承受身体的重量，两脚开立至略宽于胯部。
- 弯曲膝盖和脚踝，弯曲程度略大于臀部。

- 保持头部和身体正直。
- 把手放在膝盖附近或者低于膝盖。
- 掌心朝向传盘手，以做出更快的反应。

2. 基本动作

如前文所述，为了防守时快速做出反应，防守队员要放低重心。这样可以收缩腿部肌肉，并迅速使其激活。为在防守时迅速做出拦截，防守队员需要能够快速地从一边滑步至另一边，灵活地撤步、弹跳、扑盘或者横向移动。这些动作都需要兼具爆发力和灵活性的腿部和臀部肌肉，以及良好的核心力量。人体的核心肌肉群（大腿、臀部、臀肌以及直至躯干和肩膀的所有肌肉）是进行爆发性动作的最大因素，影响着反应动作的速度和强度。一个聪明的极限飞盘运动员会多加锻炼这些部位的肌肉。比如，当防守队员直面传盘手并对他施加压力，试图使其只能在后场导盘而无法将盘传至前场，防守队员必须保证身体正直，双臂张开防止传盘手将盘直传至前场。当防守队员将传盘手逼迫至只能从一边出盘时（通过正手或者反手），或在传盘手正前方施加压力（使其只能回传或者将盘传向赛场内角度更大的一边），防守队员迫使对方出盘的方向的那只手需要压低并且随身体姿势打开。这样的姿势可以减少传盘手的传盘路线选择，使其只能从场地的一边出盘。防守队员必须致力于迫使传盘手只能从被迫选择的方向出盘。这种防守技巧需要多加练习，也需要在特定的情况下适用。

3. 保持压迫对手只能从一边出盘

不说别的，防守队员必须了解和记住一点——迫使对方传盘手从己方队伍计划好放任出盘的方向出盘。尽管这听上去简单，但对一些队员来说这并不容易实行，尤其是队员开始疲劳的时候。一名队员走神便会让整个队伍付出惨重的代价。站在边线球员应该通过不断呼喊，提醒在场地内尤其是正在防守的队友准确执行事先的计划。防守队伍试图压迫传盘手向两边传盘时，这种提醒对场内球员尤其有帮助，因为迫使出盘的方向在每次出盘时都会发生变换。队友可以给予防守队员很大帮助，提醒他传盘手可以通过哪一边将盘轻松地传给已经成功切去的接盘手。

通过喊"防外面"或"防里面"这样的提示，以让防守队员可以不用观察就可以及时变换位置，边线队友就像防守队员身后的眼睛一样有着不可或缺的作用。这种高效的团队防守技巧在第七章会进行具体讲述。在这里提到这一点主要是为了提醒队员牢记保持压迫对手只能从一边出盘的重要性。

好的投手会围绕轴心脚旋转并做假动作，试图让防守队员失位，而传出高质量飞盘。因此防守队员必须高度警觉，严格施行计划，做出最好且快速的防守选择，并小心进攻队员的假动作。防守队员要尽力让投手只能从被迫出盘的一边传飞盘。这种情况下，切入队员的可接盘点将大大减少，进攻方推进就会变得困难。如果防守队员封锁的方向被突破，那么就会导致本来处于正确站位的防守切入队员的己方队友失位，己方队员便需要全力冲刺去阻止进攻方的推进，从而重新建立压迫性防守，迫使对手只能从一边出盘。如果进攻方突破了防守队员的封锁区域，那么他们就取得了巨大的优势，因为这就相当于进攻方在之前防守方全力封锁的区域找到了新的进攻方向、传盘角度和推进路线。因此，在防守中确保压迫对手只能从一边出盘是防守的第一要务。

三 出盘时直接截盘

作为一名防守队员，最重要的职责便在于封锁出盘区域，防止传盘手从封锁区域出盘。想要一个人完成这样的防守是不实际的。因此，防守队员在对方传盘手出盘时直接截盘的情况非常少见，但也不是没有发生过。而更多的是由队友在前场完成干扰和截盘，或者通过防守者的压迫性防守迫使传盘手传出低质量的飞盘。尝试在对方出盘时直接截盘的时候，防守队员需要额外注意不能因此放弃压迫传盘手从一边出盘的基本防守策略。这是我们讨论如何在对方出盘时直接截盘的基础。

在传盘手表现出自己的意图后，缺少足够丰富的出盘点，不能拉开距离，将盘在防守队员无法接触到的地方出手或者没有做到通过转身、假动作使防守队员失位时，防守队员有一定概率能够做到在出盘时便直接截盘。实际上，出盘时便直接截盘更多的发生在传盘手试图将盘强行穿过防守队员有效可靠的防守的情况下。当传盘手熟练地掌握飞盘技巧并拥有多个出盘点后，防守队员很难压迫他将盘传进自己的封锁区域而直接截盘。但对于每个球队都存在的一些进攻能力较弱的选手而言，预测他们的出盘时机和出盘点会对截盘很有帮助。每个队伍都有能够突破防守的传盘手，也有那些只能选择避开封锁从另一边出盘的队员。一个聪明的防守队员懂得根据对方的水平更改相应的防守策略。如果传盘手在出盘时便被直接截盘，这对进攻方是一个巨大打击，而对防守方可能扭转比赛的局势。

1. 用手截盘

当防守队员在防守时尝试用手截盘的时候，他们要对对手的移动、假动作和出盘点提高警惕。因为进攻队员可能就会做其中或者其他的一些意料之内动作。用手截盘成功可能会对进攻方的信心造成巨大的打击。当防守队员尝试去用手截盘时，需要维持自身平衡，将自身的重量始终分布在两脚前脚掌，两脚开立略宽于胯部，并保持膝盖弯曲状态。防守队员在这种姿势下，可以跟随着传盘手的假动作和转身不停地横向移动，注意不要太过激进，造成失位。防守队员需要将双手放低，掌心朝向进攻者，对方的出盘点一般会比拿着飞盘的时候低。做出这种姿势后，防守队员有更好的机会拦截飞盘。盯住传盘手的眼睛，并瞄向进攻者被迫出盘一边的肩膀，并听取己方防守队员的提醒。己方场内队友或者边线上的队友都可以帮助指导队员防守，包括在对手出盘时直接截盘。这样的直接截盘成功是整个团队共同努力的结果。

2. 用脚拦截

在有些情况下，通过伸腿来防守，来干扰或者拦截对方的飞盘也是一个很好的方法，但如果没有做好的话，这对己方的队伍和传盘手而言都非常危险。尽管用脚可以够到很远的距离去拦截，但是这样会影响防守队员在防守时保持本该如同弹簧一般充满爆发力的姿势。在伸脚截盘后，如果没有拦截成功，防守队员无法迅速地恢复身体平衡，这时传盘者便可以在此次假动作后转个身从另一边从容出盘。为了伸出一条腿去拦截或干扰（迫使传盘手不能出盘），防守队员必须把他身体的全部重量转移到另一条腿上。为此，你应该在刚开始读秒的时候尽量少用这种防守方式。用脚拦截可以让小个子防守队员在对抗高个子传盘手时尽量减少劣势。如果要用这种方法，就要在保持平衡的同时减少两腿间的距离并稍微伸直双腿，让身体的重量更快地转移到仍然解除地面的那只脚上。当你要伸腿拦截或干扰时，确保伸腿和收腿不要幅度太大，不要踢向传盘者的手。当对方反手出盘的时候，防守队员如果向前伸腿，就会碰到传盘者正在快速挥动的手臂或手掌，这可能会造成他人受伤。因此，许多极限飞盘运动员不认同用脚去拦截的方法。但是如果在计时的最后几秒，谨慎妥善地运用此方法，注意腿不要伸得太高，尽量保持在臀部以下，并且做到快速地复位防守，那么伸腿来截盘或者干扰是一种有效但又不失安全的好方法。记住，最关键的一点便是要谨慎伸腿。

四　盯防接盘队员

防守队员更乐意一对一盯防从而截盘、干扰或者迫使对方只能从一边出盘而制造对方失误。如果防守很有压迫性且对接盘队员的盯防能够做好，在这一对一的对抗防守中，传盘手会面临很大的出盘压力，这对进攻方会很不利。这会使传盘手找不到空位的接盘手，只能传出低质量的飞盘，从而更容易被防守方拦截。

1. 三角站位

为了一对一有效地防住切入接盘的队员，防守员必须要正确地站位，并在整个回合中保持这种站位。正确站位容易，但在进攻方推进的过程中还要保持住这种站位绝非易事，它需要大量训练。与防守出盘的队员一样，正确的站位对于防守很重要。盯防接盘的防守队员在看防接盘队员的时候也需要保持正确的站位，并时时关注传盘手和其防守者的动态。图 5 - 2 展示了这三人的三角站位。

防守队员站在传盘手被迫出盘的一边的传盘路线上，这样他站在外侧微微转头就能观察接盘队员和传盘手。这个姿势同样能给防守员反应提供缓冲时间，帮助其防守接盘。这可以给防守队员更多时间和空间反应、站位，干扰或拦截经过他身边的飞盘，或者减少接盘者切入接盘的威胁。这样的缓冲能帮助防守队员消除接盘队员突然启动而取得的优势

图 5-2 前场的防守成员组成了三角站位

并紧紧地贴防住他们。防守队员在整个防守回合中应致力于建立和保持三角站位，尽管三角站位的具体方位不同。两种推荐的三角站位方式是站在接盘队员的绕前防守和绕后防守。

2. 绕前防守接盘队员

图 5-3 展示了绕前防守的具体站位，防守队员需要站在传盘手和接盘手之间，这使其在接盘手切向传盘手时拥有距离上的优势。这种站位可以让防守队员有足够的时间和空间去观察接盘者的假动作和实际的切入动作，从而消除接盘者突然启动的优势。这能有效地防守对方接盘队员经常从前场反跑接盘的进攻战术，并牢牢地盯住对方的传盘手。靠前防守的防守队员还能观察到别的接盘队员，使其更好地尽到提醒指示队友的责任或与队友换防。换防的意思就是自己去补防被放空的接盘手，而由本应负责该接盘手的队友防守自己负责的接盘手。但是，如果站位离接盘队员太远的话，就算传盘手已经被限制得很好了，也很容易传盘成功而破防。尽管对于防守出盘的队友来说，防好封锁的区域是最重要的，但是他的队友可以站在对方被迫出盘的路线区域上并贴紧接盘手，从而在对方发出短距离传向封锁区域的飞盘时成功拦截或者跟上快速冲向封锁区域的接盘手。

防守队员还可以通过绕前站位的防守，妨碍后场相互导盘的接盘手横向移动。这些导盘对传盘手来说是较为安全的传盘选择。为了做到这点，防守后场导盘的队员必须想方设法处于传盘手和接盘手之间，并保持准确合适的站位。

图 5 - 3　绕前防守的站位方式

　　绕前防守的弊端是不容易防守直接下底的长传和从高处传入封锁区域的传盘，一旦接盘手启动迅速下底接盘，靠前防守容易失位（见图5 - 4）。有效的下底帮助和换防能够弥补这些弊端。防守方队伍里最靠近对方得分区的防守队员需要迅速放弃自己本该防守的进攻队员去协防那名甩开了防守正下底接盘的进攻队员，将自己原来防守的人交于换防的队员负责。至于如何防守传向封锁区域试图破防的飞盘，那就只能靠防守传盘手的队员了。

图 5 - 4　绕前防守的弊端

3. 绕后防守接盘队员

　　在某些情况下，绕后防守是一种更谨慎的选择。这种绕后防守意思是，防守队员选择站在接盘手的后方，通过站在接盘队员靠近传盘手出盘那一边的肩膀背后，将其夹在自己和传盘手之间（见图5-5）。绕后防守使得进攻方难以进行直接下底的进攻计划，因为进攻队员需要先绕过防守队员的站位，这能成功干扰到许多进攻队员下底。即使接盘者速度很快且接到了飞盘，绕后防守的队员也可以马上到位，继续防守，不再传盘。在接盘者从下方接到飞盘后，防守队员应再次做好逼向防守。绕后防守的优势便是防守队员能够看清在他面前的一切情况，使他有机会去帮助队友。这种方法有以下几点好处。

- 保证速度快、身材高的下底接盘队员不能轻易接到后场传来的飞盘。
- 迫使那些传盘不熟练的接盘手在防守下接到飞盘。
- 使得防守队员可以从多个角度完成防守落位。
- 使得防守队员处于良好的位置，可以在队友被其负责的接盘手在得分区附近甩开时给予补防帮助。

图 5-5　绕后防守的站位方式

绕后防守大多用作防止接盘队员直接下底，可迫使许多下底队员回盘。这在防守方实施正面逼向防守时也很有用。正面逼向防守迫使传盘手只能横向将盘传至赛场两侧，而很难向前推进。正面的逼向防守可以迫使进攻方进行更多的横向导盘，从而使防守方有更多的机会跟上接盘手从而完成拦截。当进攻方逆风时，这种防守策略的作用会再度增大，因为逆风会导致飞盘飞得更慢并在途中上下摇摆，并偏离本来的运动轨迹。逆风会导致传盘手和接盘手的任务更加艰巨，再加上一个努力防守出盘的队员，其队友在一对一跟防接盘手时将更有可能成功。如果进攻方传盘时顺风，传盘手的手感会受影响，飞盘会飞得更快并迅速往下掉。这些条件对防守出盘和绕后防守也很有利。防守队员需要尽量在防守接盘手的过程中保持这样的站位，并在负责的进攻队员作为传盘手完成出盘并再次成为接盘者切入接盘时，重新保持这样的站位。

五　盯防策略

接盘队员往往比负责自己的防守队员更有优势，因此保持稳定的三角站位有利于防守队员扳回这一劣势。一些推荐的工具或技巧可以帮助策略的实行。后退的时候，不要随便用臀部转身，当在传球路线上完成站位后，三角站位的防守队员只要在这个位置上就能同时看到传盘手和接盘手，这有利于在传盘路线上设置障碍干扰，并使得传盘手无法轻松地出盘。在进攻方试图切入接盘的时候迅速后退的能力很重要。这个行为的关键是在运动中保持平衡，让重量平均分布在双腿和两脚前脚掌。在后退的时候，防守队员必须奋力保持身体重量在前脚掌而不是在脚后跟。用脚后跟后退不利于变向和变速，并将导致防守队员无法很好地防守接盘手。防守员必须夹紧双臂，保持双肘在身体两边并微微摆动。最直观的例子便是以前的西部枪手，他们双臂张开并贴近臀部，上半身向前微倾，重量均匀分布在两腿。这样的姿势让防守队员可以更快地后退，并且应根据接盘队员的动作，双腿交替后退。这种移动方式可以在需要的时候马上转向，迅速地从后退转身至与接盘手同方向的正面冲刺。90度转身、180度转身和360度转身是一种训练快速后退能力的很好的方法，并且可以提升通过臀部转向快速转身的能力。下面详细介绍如何进行这种训练。

防守者应该在确认接盘者的跑动方向后再转身，结束后退的姿势。如果防守者做好了这样的防守姿势，接盘者就不得不放弃摆脱防守出去接盘的想法。这样，防守者可能根本不需要做任何转身动作。他只要保持随时后退的防守姿势和站位，就可以很好限制对手。掌握好这项技巧后，防守队员可以更久地保持三角站位防守，并且在被假动作晃开后更快地恢复站位。这时，进攻队员会有多种选择，可以选择加速摆脱防守者，也可以选择跑向防守方封锁区域接取破防传盘，还可以为队友创造出更好的空档接盘机会。在这种关键的时候，防守者就不能继续保持后退的姿势了，必须通过180度转身跟上接盘者的脚步或者通过90度转身与接盘者保持三角站位，防止接盘者跑向被封锁传盘的一边或者为其队员拉开空间。

第二节　团队防守战术

一支有经验的进攻队伍在比赛中是占据很大优势的，由强壮、敏捷、能力强的控盘手与接盘手组成的队伍很容易就能得分，此时防守队伍将很难创造攻守转换的机会，对于他们来说，合作将是创造转换机会的最佳途径。如果整支防守队伍未能同步，而只有 12 个防守队员配合团队，进攻方将仍然占上风。和许多其他运动相同，极限运动也有多种防守阵形，最常见的当属人盯人防守，也就是我们所说的"一对一"防守。在开局时，防守者选择与其在身高、速度、能力上相称的进攻者并对其进行防守，与此同时也要注意其他对手的进攻。在进行区域联防时，防守对象为区域而非个人，该守卫区域随着盘的移动而变换。防守者负责防守进入其防守区域的对手，同时对飞入其区域的飞盘进行干扰（Baccarini and Booth，2008）。针对各种进攻，防守方有不同的区域防守方式应对。无论选择何种防守战术，每个防守者都应明白整个防守阵型的关键之处及其应发挥的作用。

一　交流

极限飞盘并不是一项安安静静的运动。要使防守强有力，队伍应达到"可控制的狂怒"状态。当攻击方耐心地尝试连传时，防守方应喊叫、聆听，促使攻守转换的发生。有效的防守需要每一个队员的合作，交流的主要目的是为场上队员提供更多信息，这样他们就能更容易地发挥作用，完成任务。

1. 常见口号

防守者之间应该交流些什么呢？显然这由选择的防守战术决定，针对区域防守的口号无法在其他战术中发挥作用，以下是极限飞盘比赛中一些常见的队员间的口号。

It's Up：当飞盘从攻击方的一名队员传向另一名队员时，防守者会喊这口号，这也可能表明飞盘正传向得分区。喊这一口号的目的在于提醒所有防守队员飞盘处于飞行状态，即将完成一次交接或得分。防守队员们需要立即定位飞盘，如果有机会，还要尽力阻截。即使没有立刻阻截的机会，这口号也能通过告知飞盘被传到另一处从而提醒防守者们改变位置。即使落后了，他们也可能得到控制飞盘的机会。

Home：这一口号表明向主场一侧逼迫。无论进攻方想要将飞盘传往何处，每个防盘者应迫使掷盘者将飞盘投往主场一侧。全场紧逼的概念将在后面的章节中进行讲解。

Away：此口号与 Home 口号相对，就是逼迫掷盘者往客场一侧传盘，防守者们将从场外队员那里获得进一步指令。

Strike：假设你是在边线旁的防盘者，你的任务是逼迫掷盘者正手出盘，当听到这句口号时，你得防止掷盘者传向场地中间。此口号意味着你要立即挡在掷盘者前方防止飞盘传向正向边线赶来的接盘者。喊出该口号的人通常是观测到即将发生的接盘的场下队员，此时瞬时的逼迫传盘将不会造成无法防守的情况，或者有可能是观测到对方要进行长传的队员。

No Big：该口号与 Strike 相类似，但它只是为了阻止长传，常用于掷盘者处于场地中央并准备将飞盘投往远处时。

No Break：这句口号提示防盘者在其身后的防守区域内有接盘者准备突破接盘，防盘者须继续加强防守。更准确地告知此信息的方式是大喊 No Around 或 No Inside，这些口号准确明白地告知了掷盘者最有可能朝哪里传盘。No Around 表明掷盘者准备轴转并从防盘者右（外侧）肩的上方或下方将飞盘传出。No Inside 表明掷盘者很有可能扔出内曲弧线盘（反手时，盘掷向右边但以曲线往左飞；正手时，盘掷向左边但以曲线往右飞）传盘，防盘者需要通过移动来阻拦投掷。

一支队伍也可以根据自己的特殊需要创造口号，在每个队员都能听懂的前提下可以使用任何词句。不管是在创造攻守转换的机会上还是在得分效率上，出色的团队交流将给许多方面都带来优势。

2. 场下队员的作用

在任何运动中很少有运动员会乐于成为一名场下队员。替补队员普遍被视为并不重要且他们的作用仅体现在搬运器材或在比赛暂停时递水。然而在极限飞盘领域并非如此，不管是在场上还是在场下，每位队员都起着作用。那些为上场时间短而不高兴的人只适合参与个人比赛。极限飞盘不是一项跟班们追随主力队员的运动，除非你将队员的家庭成员和其他重要人物也算入。许多队伍没有教练，而教练的职责常常由队长承担。将教练与队员的职责相结合，一个人几乎是不可能出色胜任这一任务的，队伍中的每个队员都应肩负起责任。无论他们的作用是提供信息、加油助威还是辅助场上队员，每位场下的运动员对于获胜都至关重要。

3. 支持

每个队员都有义务辅助队友发挥出最佳水平。支持可以是在比赛暂停时递上水，可以是帮助队友热身，可以是为伤员包扎，也可以是提供练习或场上表现的反馈。然而每个人对于意见的接受度是不同的，队员如果从一个队友那获得了反馈可能就不愿从另一个队员那接受相同的建议了，有的人还可能会因负面的反馈而生气，所以最后一种支持方式是有些难度的。

不管技艺是否精湛，大多数队员都希望从其他队员处得到支持，不要吝惜你的赞美，有头脑的队员也会对队员提出适时适度的批评，比如对于一个队员来说，当他所防守的进攻者连连得分时，他并不需要别人对他说"你要把某某某拦住"或"你得知道飞盘在哪里"，当球员已经意识到自己的错误了，再次提起错误就没有必要了，不然当他听到这种批评后可能会使自己不能专注于防守。正确的做法应当是其他队员在该球员下场时或在赛后提出有助于其改进的建议，有经验的队员将在接下来的练习时注重帮助该队员克服该问题。想象一下你在表现得相当出色时的感受，你很有可能感受到自己正全神贯注并且受到全队的支持，你的脚步变得轻盈，仿佛能够没日没夜地奔跑下去，你呼吸毫不费力还能看清整片赛场，这种积极的心理感受能够增进你在场上的表现。难道你不想让你的队友也有此感受吗？让整支队伍每时每刻都在此状态是不切实际的，但那些在比赛时只说积极向上、鼓励队友的话语的队伍清楚地明白支持鼓励与团队胜利的紧密联系。

二　人盯人防守

新的队伍有可能用人盯人的战术进行防守，这种防守方式解释起来非常容易，因为它是从其他运动转换而来的。发盘前，每个队员选择与其在身高上相当的对手并与之面对面排列，该队员要防住对手不让他接盘，如果其负责防守的对手接到盘了，该防守者须跟上并防住对方。与其他运动类似，一支队伍可以应用不同的人盯人形式。经验丰富的队伍会运用逼侧、限制、换防来阻碍进攻，整队人马行动越一致，他们运用不同形式的盯防战略也就越熟练且越容易创造攻守转换的机会。

1. 逼向

极限飞盘运动的先锋者很早便指出制造攻守转换最简单的方法便是让对手将飞盘投向己方容易阻截的方向，这一策略在近些年有所发展，当下广泛使用的四种逼迫形式是正手、反手、向中间、向前逼迫，主要套路是防盘者引诱掷盘者将飞盘扔向有防守者的地方。

（1）逼正手

由于对于大多数接盘者来说，正手投掷在平时训练中接触不多，所以他们一般都不愿意采用这一种投法，正是因为如此，正击逼迫成为最常见的逼迫方式。如图5－6所示，防盘者始终跟在掷盘者的左侧，其任务是使掷盘者无法内摆投掷或反手突破，从而迫使掷盘者将飞盘正击投向空当区域。其他防守队员站在对手与空当区域之间，显然，对于掷盘者来说将飞盘投向空当区域是最容易的，但是每个接盘者都有对应的防守者挡着他们。采取正击对攻击方来说并不是保险的投掷方法，因此攻击方只得重新评估其选择的投掷方法。

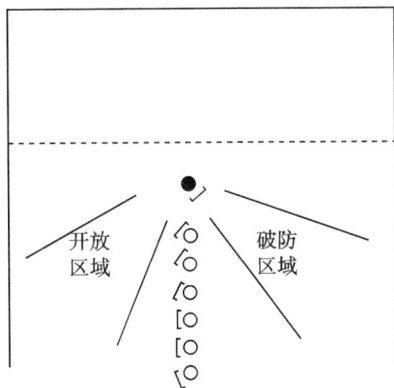

图 5 - 6 逼正手图示

只要防守者明白他们的任务，这一基础的逼迫策略便能发挥作用。盯防掷盘者的队员绝不能被突破，否则其他的防守队员站的位置也就全乱了，那么攻击方就能逃脱防守。前场的防守者必须确保他们的站位是正确的并且能够阻止对手在空当区接盘。若对手接到了该正击的飞盘，防守方就失败了。

（2）逼反手

这种防守策略恰与正击逼迫相反：防盘者站在掷盘者的右侧，逼迫他将飞盘传向反手的一侧，其他防守者站在与前述的正击逼迫中相反的一侧以阻止来自新的空当区域的接盘者。虽然从正击逼迫转换为反受逼迫相对来说比较容易，队伍仍需对这一转换加以训练，因为大多数队伍在采取正击逼迫策略时防盘者和其他防守者都习惯于站在对手的左侧，所以站在右侧时会感到不习惯。对于站位的一瞬间的犹豫就可能导致对方顺利地传盘或得分，所以在平时训练时每支队伍必须对两种逼迫方式都加以练习。

（3）逼传中

这是将逼正手与逼反手相结合的一种战术，是否采取该战术取决于掷盘者的方位。防守方希望让飞盘传向场地中间而不是在边线旁传盘，这是一种能够有效防止队员分布分散和双人战（两位选手反复地互相传盘并往前推进的一种打法）的战术。如果掷盘者在边线附近，则防盘者要背对着边线将掷盘者往场地中间逼迫（见图 5 -7）。当掷盘者在中场附近或其他防守者无法分辨逼迫方向时，这种战略的实施将变得非常困难。防盘者须立马决定使用何种逼迫战略并喊"主场侧"（Home）或"客场侧"（Away），通过这些口号可告知其他防守者他们该站在对手的哪一侧。场外的队员在逼迫传中战略的实施中的作用至关重要，他们必须大声叫喊口号。

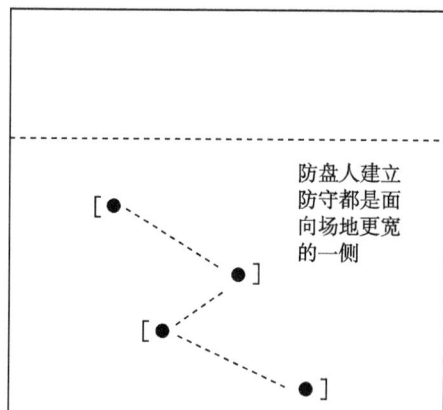

图 5 - 7　逼传中图示

采用这一逼迫战略时，前场防守者的任务更加艰巨。由于逼迫方式一直在变化，因此他们必须不断评估自己是否站在给对手接盘造成困难的一侧。队伍必须不断训练以追求所有防守都能成功，然而要使逼迫传中更好地实施往往需要整支团队有更强的注意力。

逼迫策略基础小贴士

当有人叫喊"逼正手"时，并不会因掷盘手是左撇子还是右撇子而变化站位方向。逼正手时，防守方会逼迫习惯用左手投掷的掷盘者反手投掷，因为该命令指定了逼迫的方向。更精确的口号应是"逼向主场"或"逼向客场"，因为这种口号对防御惯用右手或惯用左手的投掷者都适用。

2. 诱阻

这一战术与传中逼迫相对：在边线附近防守持盘的进攻选手时，运用正击逼迫或反手逼迫迫使进攻选手只能从边线一侧出盘。当防盘者认为掷盘者离边线足够近，可以进行诱阻时，他会叫喊"诱阻"（Trap），场下的队员就会帮他传递口令。图5-8展现了诱阻的好处：活动场地缩得只有一条道那么宽，前场队员的任务就轻松了，因为一般来说接盘者只能在那狭小的区域内接盘，若掷盘者回传给守卫区的队员以摆脱诱阻，防守队员可以截住该次传盘。

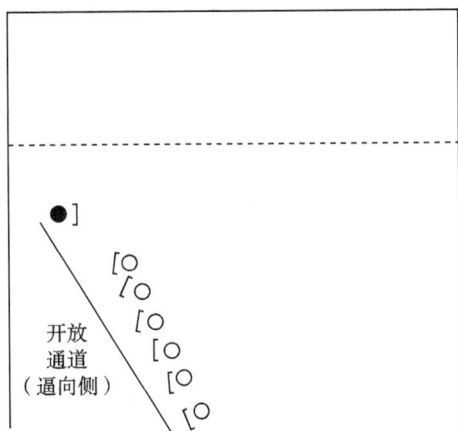

图5-8 诱阻战术图示

一次出色的诱阻即使不能转换攻守，在边线短传后还能继续采用诱阻，防守方仍有优势，如果有风，那么攻击方就很难突破防守了。

三 区域防守

区域防守是一种覆盖对手正在进行的活动区域的防守阵形，与一对一盯防不同，防守者要时刻预测谁将进入或离开该区域以及飞盘是否会进入该区域。这片区域是随着飞盘位置的变化、掷盘者的水平、进攻者的走向而调整的。使用区域防守的典型情形是遇到有风的日子或者对手没有厉害的掷盘者时，这时候掷盘者被三个防守者盯着就会慌乱起来，于是就创造了攻守互换的机会。由守转攻后，就在对方无法反应而慌乱调整的短短几秒内，抓住机会快速传递飞盘即有可能迅速突破防守或者得分。区域联防阵型繁多，"3-2-2"阵型是最基础的，也叫作杯子阵型，掌握"3-2-2"阵型有利于其他阵型的运用。

1. 位置与责任

由团队自己根据每个队员的优势与弱点决定他们在区域联防中的位置，这些位置包括杯子、两翼和前锋（见图5-9），灵活迅速的应被安排在前部作为杯子或两翼，个子高的或弹跳能力好的、能快速定位飞盘的应被安排在前锋位置。每位队员都承担着许多责任，而这些责任由攻击方打算做什么、运用的区域联防阵型、掷盘者与接盘者的技术等因素所决定，所以在比赛中，每个人的责任都有可能发生变化。

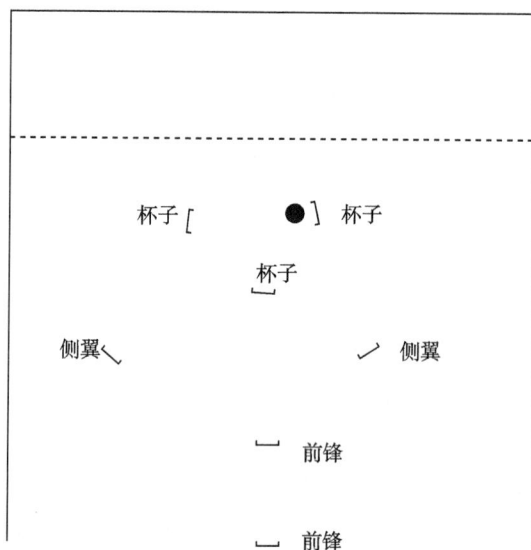

图5-9　位置与责任图示

（1）杯子

杯子由三位行动灵敏迅速、热爱奔跑的队员组成，他们需要在区域内跑得最多，其中两个，一个在近侧（On Point），另一个在远侧（Off Point），近侧的直接防守掷盘者，把他逼向至少在远侧杯子队员3米以外，若远侧杯子队员在3米以内，这就是违反规则的双重防守了。近侧杯子队员的责任是防止被突破，远侧杯子队员的职责是阻止传盘及向进攻方的两翼队员传盘。第三名杯子队员在前述两名杯子队员的中间靠前一些，他的职责是防止飞盘进入杯子中间。杯子队员须阻止飞盘飞越杯子，当进攻方不断重置飞盘或者飞盘已经越过了杯子区域，杯子队员的

飞盘运动

责任就传递到了两翼队员或靠前的前锋队员身上。

（2）两翼

两翼队员最重要的任务是守住边线和杯子区域与中线之间的区域，为了看清飞盘和潜在的接盘者的位置，他们应背对着边线。由于许多进攻方会选择重置战术在联防的区域内移动，在飞盘传向他们一侧时，两翼队员要特别注意，但是他们不能为了防盘而朝着正在飞行的飞盘的方向往前场行动，那是离新掷盘手最近的队员的工作。两翼的队员必须时刻关注想进行边线长传的对手，防住下一次的边线发盘是两翼队员的主要职责。如果盘已飞出但无法飞越两翼的区域，两翼队员的工作便顺利完成了。如果防守方回传重置飞盘并试图进攻另一侧边线，两翼队员的职责就到此结束。

（3）前锋

联防区域内的两位前锋分别为前前锋和后前锋。后前锋离杯子区域稍近，负责阻止超越杯子区域的或进入场地中间的飞盘，虽然他应意识到他负责的区域内有潜在的接盘者并立即通知杯子队员复位来消除危险，但他并没有阻止对方将飞盘投出杯子区域的义务。如果飞盘穿过了杯子区域，后前锋不必紧跟新掷盘手，而应快速回归原位，以使杯子队员能够立刻复位防守新的掷盘者并听从前前锋的指令。前锋是区域联防的最后一道防线，通常来说他是阻止对方得分的最后机会，因此他不能让对手跑到他身后，至少不能在其后方太远以防对方使用长传得分。前前锋须不断地测算他能前进到离联防区域底部多远，当风与掷盘者逆向时，掷盘者长传的可能性就小了，前前锋就能跑到离底部很近的地方，条件允许的话，他可以与后前锋纵向分守场地，这有时能使区域联防更有效。如果飞盘被投出了，作为最后一道防线的前前锋便有了立功的机会，他有义务防止长传或得分。他必须善于定位飞盘和自我定位，如果离飞行轨道不是太远，则必须进行阻截。

★▪▪▪ 基础区域联防小贴士

运动员们不能只专攻一种位置，训练时，他们应变换位置，这样就能对不同位置上的不同职责有所了解。如此训练，运动员们就能懂得队友面对的挑战并且增强队员间的交流和战术的使用。

2. 区域联防中的常见口号

区域联防中有许多和人盯人防守不同的口号，由于交流是防守队伍运用战术中不可或缺的一环，因此熟知一些常用的口号是十分重要的。

Drop：听到这句，区域联防队员应立刻远离飞盘并跑往前场。通常是针对前锋和两翼队员喊的，命令他们防止快速突破。

Pinch In：与"Drop"口号相反，通常情况下听到这句口号后，因为在他负责的区域内没有进攻威胁了，两翼队员或前锋应跑向飞盘。

No Dump：这句口号是针对近侧杯子队员的，他要防止掷盘者将飞盘回传，该口号出现在延迟计数接近10秒且掷盘者正看着后方的回传接盘者时。

Crash：这句口号告知杯子队员有其他对手正进入杯子区域，防守者应注意他并防止他穿越杯子区域。当两名防守者都靠近飞盘时，如果他们盯防的是不同的对手，那么就不会发生双重防守的情况。没有其他进攻队员进入杯子区域时，远侧杯子队员必须离开掷盘者3米开外。

Trap：当掷盘者离边线很近时就喊这句口号，近侧杯子队员便会将掷盘者逼往边线，远侧的杯子队员则防住回传，居中杯子队员既要防住边线短传也要防住内摆正击。近处的侧翼队员应移至右侧防止弧度传盘，远处的侧翼队员则要靠近掷盘者以防止横穿球场的传盘。

Right 或 Left：告诉远侧杯子队员和居中杯子队员他们该往左或往右防止一次传盘，后前锋与场下队员会叫喊该口号。

3. 区域联防阵型变化

擅长"3-2-2"阵型区域联防的队伍可能会想要开拓其他阵型，变换联防阵型将使对手难以预测自己将面对怎样的防守方式。以下是对一些区域联防阵型的简介。

"1-3-3"阵型：这种区域联防只有一个防盘者，他负责将掷盘者逼向离他近的边线（掷盘者在场地中间时，防盘者通过喊"Home"或"Away"来告知其要往哪边逼迫），其他两组排列成伞一样，包围着掷盘者将他逼向近侧的边线。

Box-and-One：这种区域联防阵型需要六名队员联防，还有一名队员是一对一防守。这种阵型适用于对手把进攻重心寄托于一名进攻者时。与"3-2-2"阵型对比，这种阵型中没有后前锋。若那名能力很强的进攻者拿到了飞盘，就会暂时形成4人杯子，直至该进攻者将盘传出。

钳子防守：如前所述，钳子防守是结合了一对一盯防与区域联防的一种防守战术。大多数团队很少使用这种战术。在对手没有料到这种防守战术时，该战术就有效果了。当对手突破了"3-2-2"阵型，防守方在下一局中就可能会使用钳子防守，而以为他们仍然会使用一般的区域联防的进攻方会在开局时快传或直接传给防守方。钳子防守阵型中离飞盘近的三名队员在跑向飞盘的同时各自盯防接盘者。当接盘者离开该防守者负责的区域时，这名接盘者就交给后方进行区域联防的其他四名队员中的一位盯防了。当队伍首次并正确进行钳子防守时，这种方式会让对手感到困惑。钳子防守的目的是在掷盘者前方的区域内制造混乱，但这并不意味着防守者在周围胡乱跑动，防守者制造的困惑是有一定模式的，每个队员都有其特定的职责。

小结

虽然热爱掷盘、接盘是许多人迷上极限飞盘的共同原因，然而出色的玩家多是那些热爱防守的队员。加入注重防守的队伍比在喜好进攻的队伍中更振奋人心。进攻方追求得分而阻止得分的防守方则将比赛带向更高的层次。不管是迫使对方为突破区域联防而传盘50次以上，还是在区域后方进行有力阻截，防守水平是好的队伍与伟大的队伍的区分标准。

第六章　飞盘高尔夫基本技术

第一节　推杆

在比赛中注重使用推杆能力，到底能不能使你的总体比赛表现得到提高？你可能会对此有疑问。如果你用六次的投掷才能进洞，推杆使用的好与坏，会有影响吗？短杆通常是飞盘高尔夫初学者的第一选择，很少有人会一开始便尝试远距离投掷。所以一开始，让我们从任何一个距离洞延伸 10 米的官方承认的"推杆区"，尝试推杆击中一个篮筐。

一　智慧地比赛

在比赛中，除了拥有出色的飞盘高尔夫技巧，还需要智慧的配合。在一定的距离，采用合适的飞盘投掷无疑是非常聪明的，然而当面对推杆时，何时去冒险完成一次远距离的较为困难的长远投掷，何时尽可能安全地建立起推杆，是需要智慧的（Steven, 2003）。所以当运动员在处于球洞外 12 米或 15 米远的时候，他们总是过度地使用更为冒险的推杆，当然，这种情况下人们会给他们高呼声。确实，如果他们可以一鼓作气，击中一些链子和坠子，那么确实是一件好事。但尝试这样冒险的推杆，不仅会导致在篮下完全地错过目标，也会使飞盘飞到离球洞很远的地方，以至于让它掉在推杆区的另一边。然后你还有什么呢？你将继续面临另一种艰难的推杆，并且需要完成这一击。

经常有人由于试图玩出大的"小鸟球"，一次简单的推杆被吹到双柏忌（高于标准杆两杆的洞）。需要有足够的智慧来承担风险，"为了展示而飞盘，为了金钱而推杆"是我们的座右铭。推杆永远不会被认为已经是囊中之物。无论你距离球洞多近，无论你对飞盘进洞的技术有多自信，你都必须花时间放下你肩膀上的飞盘包，保持正确的身体位置，并且将注意力集中在目标上。保持身体平衡非常重要。飞盘袋的重量会使你的身体失去平衡并让一些根本不用思考的推杆出现差错。智慧地思考、智慧地比赛，并且尝试一些智慧的冒险。

二　准确地推杆

显然，准确地推杆指的是正中篮筐的推杆。那些敲打一些锁链、反弹在顶部边缘之上、击中球洞的顶部然而实际上并未下降入筐的情况，并没有为你得分，反而增加你的一次投掷。成功的推杆，依赖于平滑、控制和自信。这三条要求都可以通过训练和积极的心态来获得。为了成为一个万无一失的推杆者，你能做些什么呢？让我们来一探究竟。

成功的推杆技术有三个标准方法，你的选择取决于你最适应哪种方法。如果你在球场上陷入困境，采取这三种方法，你都能将自己调整到最舒适和娴熟的状态，让你在球场上得心应手。

1. 跨立推杆

正面推杆时，你的脚站在面对篮筐的地方，正视前方，约与肩同宽（或更宽）。依照图片，调整你的肚脐到球洞的位置，并且把你的膝盖放松一点（见图6-1）。

图6-1　跨立推杆

2. 前跨推杆

前跨推杆时，面对篮筐站立，朝你面向它迈进的方式，一只脚向后，脚尖直接指向球洞。想象你的前脚前有一条直线，直直地从你的肚脐指向篮筐（见图6-2）。

图 6-2 前跨推杆

3. 侧身推杆

侧身推杆多数适用于超过40英尺或50英尺的长距离推杆，重点在反弧线上。站立时，面对篮筐，一只脚向后，另一只脚指向正常走向它的方向，然后朝远离篮筐45度的方向转动。你的两只脚和肩膀应该在一条直线上，引导你朝向篮筐（见图6-3）。

图 6-3 侧身推杆

无论哪种技术更适合你，当你在推杆时，你必须把以下事情牢记于心。

▲ 放松；

▲ 保持你的平衡；

▲ 集中精力；

▲ 想象飞盘投入篮筐；

▲ 运用你的手腕；

▲ 想象飞盘投入篮筐。

三　完成推杆

无论是在娱乐还是在一场比赛中，在推杆时，我们的心里都会有来自自己的压力，在比赛时压力可能更大。因为在投掷时，当前一位选手已经完成投掷并且预测距离时，会有一个 30 秒的时间限制，这时候就要智慧地比赛。首先，对你的推杆要保持自信，相信它是可以完成一击的。所以为推杆选择合适的飞盘，是你第一件要做的事（史蒂芬，2003）。

1. 选择合适的推杆盘

跟掷远盘和推进盘一样，推杆盘同样有很多种可供选择。提升你总体比赛表现的基本要求，是知道应该用哪个飞盘来完成任务。在市场上，一共有超过 20 种类型的推杆飞盘可以买到，它们的造型是独一无二的，所以很容易区分。在组成上，当然也加入更为稳定的因素。它们各种各样的边缘和圆顶的特征，是最为显著的标示。

许多推杆看上去更像你的飞盘。有一个柔和的圆顶、一个更加圆的边缘、一个重的盘边。它们真正的不同便是稳定性。许多是更为方正的，拥有更高的圆顶，使得它们可以飘浮在空中，而也有一些是完全没有圆顶的，在边缘上是方形的。

关于风向情况，我们会在稍后详细介绍，它也是完成准确的推杆的重要因素。所以你在完成推杆时，要牢记这点。即使在微风的条件下，也要十分可靠。在完成绕树或是从树枝底下通过时，通常应该选择一个更容易飘浮的盘，因为能使用更少的力道将它扔得更远。在这种情况下用推进盘，有时也能奏效。

2. 平衡

当你决定了你将要投掷的位置时，你必须考虑好，采用最适合这种情况的推杆技巧，并且将你的脚稳定地踏在地上，尽可能保持最好的平衡。当移动障碍物不允许被移动时，这或许会影响你完成目标。但你可以通过踢走石头或树叶等，来调整你的平衡，只要不将它们踢到别人身上。国际飞盘高尔夫比赛规则将明确告诉你，在比赛中哪些事能做，哪些事不能做。

好的平衡是准确推杆的关键。即使你在有风条件下，也不要移动你的脚，通常在完成有力的飞盘推杆时，需要改变身体的重量。记住，有力的推杆，大多来自平滑的手臂和手腕的动作。你的重心，对成功的推杆有重要的影响。如果你体会到你的腰腹是整个运动动作的开始，便很容易理解了。

当你的重心直直地指向球洞时（至少在正面或是一脚向前的技术中），你的身体重量会自然地改变而指向它，直到你向前投掷飞盘为止。这能使你很轻松地将飞盘投掷到一定距离的洞中。慢慢往前挪步而不是向前跨步，否则走过推杆位置是违反规定的。向前跨步意味着你对推杆失去控制，并且跨过落停点会被判定为"无效推杆"，这会使你受到处罚。

3. 集中精力

集中精力，是做出准确推杆的关键。并不仅仅要将周围的干扰物排除你的脑海，其他玩家寂静或故意的注视也不一定对你有利，撞击到树木或其他地方都将更糟。所以你必须找到球洞的某一个地方，将你的目光注视那里，并且不将目光移开那个地方，这是你的目标。一条特定的链条是一个很好的目标，比如在偏离中心的红色条带的磁带标记的球洞中间，凝视中间是极其重要的。

当投掷推杆时，飞盘会向它自转的反方向敲击。这意味着对一个惯用手为右手的人来说，飞盘通常会敲击左边链条的左侧，并且错过下面的篮筐。与之类似，一个左撇子的飞盘敲击球洞右侧时，也会向右侧弹开，并且错过篮筐。所以你需要做的是当你挥臂时，将精力集中在球洞的同一侧，从而使得飞盘能正中锁链，停止它的飞行轨道，确保飞盘落入篮筐。放一点反弧线在你的飞盘上也是没有问题的，它会使飞盘沿着你手臂挥动的方向，曲线行进。

4. 关注风向

每次当你要推杆时，仔细考虑风向。即使是最轻微的风，也会影响一个飞盘的飞行路径。例如，当你将飞盘投入风中时，它会高于你的预期轨迹，并比你预想的飞得高很多。当你逆风投掷时，飞盘会从你的投掷点向下飞行，从而缩短你预期的飞行距离。而每一种飞盘在有风的情况下，所发生的事情都是不同的。

小贴士

> 如果飞盘击中篮筐的边缘并且卡住了，没有落在地面上，这将被视作已经投掷进洞。如果飞盘落在了篮筐的顶部但是并没有掉下来落到篮筐里面，这不会被视作完成了这一洞投掷。

为了判定风向，抓起一把草并将它们扔向空中。如果天气有微风并且你要在风中推杆，就笔直地朝链子的中间，用力推杆。不然飞盘会飞过篮筐的顶部。许多标准球场的球洞顶部有飘扬的旗帜，可以帮助你判断风向。

如果你要顺风推杆，你可以通过高高地推杆或推杆至篮筐的上方，这取决于风速。飞盘会在球洞的某一点突然下降。

如果风是从你的边上吹来的，微微翘起飞盘的顶侧，掷入风中。预测飞盘的飞行路径或是笔直地用力投掷，以此来弥补风的影响。飞盘的底部若向来风方向倾斜，会导致它被吹走。

5. 掌握正确的握法

完成推杆时所需要的握法，与开盘和推进时的握法完全不同。虽然你推杆时需要牢固握盘，但他比其他强力握盘方式的力度，都要略微地松一点。此外，飞盘下放手指的地方也要更为宽，中指延伸，并且手指从边缘收紧，这样能使飞盘稳定在它预定的飞行路径上。

不要将你的食指长度方向沿着飞盘的盘沿，这是一个非常普遍的错误。当推杆从手的释放点旋转而出时，食指将弹回飞盘的势头，并在最后时刻让它稍微偏离平衡，把它扔到其预定的轨迹。注意力要完全集中于你的目标点，并且自信而坚定地去推杆。

想象你与篮筐之间的直线，想象一个你自己的推杆的特定点，并且在你释放飞盘前不要将你的视线移开目标。许多人在篮下的最后一瞬间，眼睛会往下瞥，这不可避免地将成为他们飞盘击中的地方。如果想要提升你的推杆技巧，集中注意力并且平滑、合格的手腕动作是至关重要的。在释放飞盘后，你的飞盘因尽量向上飞行，以防止飞盘冲撞过链条，完全从篮下穿过去。

最好不要在有风的情况下推杆，否则你可能会承担一些没有必要的后果。但是，随着你的弹簧释放，能量需要被解放。你手中的能量会最终突发地将飞盘推离，所以要让你的手臂流畅地伸展释放，不能是完全地张开。

第二节　推进

如果选手在一开始就注意提高自己的短杆水平，比赛中当他的第一次投掷未能到达理想位置时，他再推进时就可以很大程度上进行弥补，并投掷到任何他想投掷的位置上。选手可以通过保持精准的推进投掷，来帮助完成这一目标。将其投掷到你所认为的最佳推杆的地方，最终目标是在十米的推杆区域内投掷出推杆盘。选手要把注意力集中在正在投掷的这个洞的标准杆上，并且一次投掷一个洞。在近距投掷飞盘时，选手需要明确的第一件事就是，不需要站在先前飞盘投掷到的地方进行本次投掷。但选手必须有一个身体支撑点，这个点需距离前次飞盘投掷点30厘米以内。你可以在那个点上投掷，也可以从点后更远的地方开始投掷。事实上，选手可以预先助跑并做一个侧身，准确地在掷出飞盘前停在落停点。助跑的最大好处就在于，飞盘在投掷前，选手可以充分地做出投掷动作，使飞盘更好地飞行。

一　标记落停点

在投掷时，决定你站在哪里的最简单的办法，就是捡起之前落下的飞盘，然后就站在那里。通常，在娱乐比赛中，没有人会对此有疑问。然而在正式比赛中，选手如果不能准确地标记落停点，那他不仅会被罚盘一局，而且会剥夺他站在距离洞更近地方的额外空间。而那额外的几英寸会使比赛结果大不相同。

准确（也是理想的）标记落停点的方法是使用一个迷你标识盘。在从落地的地方捡起之前投掷的飞盘前，选手可将迷你标识盘直接放在落地点和洞之间的场地上，确保它们的边缘是相接的。完成标记后，选手将重新得到自己掷出的飞盘，可以选择再次使用或是把它装入袋中。

在标识盘后 30 厘米的地方，选手必须有一个身体支撑点（比如脚或者膝盖），选手不得在完成投掷前捡起迷你标识盘。如果它在投之前意外移动，选手必须把它放回原位。当遇到像是飞盘被卡在树上的情况时，迷你标识盘就放在飞盘被卡住的正下方。

二　投到你想去的地方

选手最具效力的目标投掷，是将飞盘投掷到离篮筐尽可能近的地方，以此来完成推杆。不像是从垫上轻击，为了三击入穴达到最远距离而牺牲精准度，近距离打击都是为了让下次击打达到最佳角度。选手需要通过一气呵成地挥臂、飞出飞盘，以及保持动作来控制动作的准确性。唯一能做到一气呵成地挥臂的办法，就是反复挥臂，而反复挥臂是要靠无数次的练习才能达到的。下面我们将要阐述怎样最有效地练习。首先要学习怎样投好角度。

1. 投好角度

投好角度就是要知道飞盘飞行弧度。航迹主要取决于飞盘的选择和投掷的方法。预先知道飞盘会怎样飞行，能使选手的力道逐渐减弱（随着旋转的减慢而减小飞行弧度）并将其投至想要的位置。所以飞盘高尔夫不仅仅只是一个竖直或水平投掷飞盘的游戏，同时伴随着所有的"狗腿"、水域障碍和其他一些障碍，这样将会增加投掷难度。一个成功的推进大多归功于把全部的精力和注意力集中于投弧线盘和反弧线盘的技术上。

大多数投掷会自然地在投掷手臂的反方向上削弱，运用这个方法有利于选手在赛场上的表现。选手要记住的是，在推进过程中，投掷距离是次要的，投掷的准确度才是最重要的。许多选手只关注篮筐，而最终把飞盘错误地投掷到目标的反方向。建议是：不要觉得投掷得越远越好，而是要按照需要投掷。为什么呢？因为理想中的飞盘航迹，是在松手那一刻延伸到篮筐的直线上的，是自然的、弯曲的弧度。

幻想一个有全部轮辐的自行车车轮，从中间剪断并毁坏底部。现在只剩下车轮的上半部分，幻想自己是由剩下的轮辐所支撑的轮轴。幻想轮轴顶端仿佛是笔直竖立的篮筐。选手可以通过把其他的轮辐视作自己的视线（这是一种理想中的直线，从手中投掷出飞盘的点延伸出去），理解投掷时哪个位置会削弱力量，以及怎样调整飞盘释放时的角度。

现在教你怎么做。在你选择的目标航迹上，完全按照轮辐位置，伸展用来投掷的手臂。很明显地，当飞盘沿着所选定的轮辐上旋转时，设想你想要让它转到哪里去，在哪里力量减弱，在哪里着地。请选手牢记一点，在选手的自然力量作用下，飞盘很有可能在着地后快速旋转。事实上，选手要在比赛前清晰地纵观全局。在珍贵的独立挥臂和放手的几毫秒间，很容易只关注篮筐而疏忽直线投掷。然后可能发生的就是飞盘落在场外，选手为了将其掷回场内又至少错失一击。选手要考虑到，平坦盘道是否倾斜。投掷的飞盘经常会落在斜坡上，并可能会不停地滚动。

★ 小贴士

"尾滑"就是投掷出手的时候前部翘起，由于空气推动向上升起，最后动力消失的时候会向相反的方向退回来。

2. 选择飞盘

当已经掌握运用何种尾滑角度投掷飞盘能到达选手想要到达的位置

时，选择用哪种飞盘也对结果产生很大影响。掷远盘特别是长距离掷远盘，通常不会在推进中使用。玩家倾向于使用更平滑的以及流线型的边缘飞盘，因为这些飞盘会在落地后转得更远。推进盘通常在落地处附近停下来。在某些可以预测飞盘旋转的情况下，会使用扁平又硬的飞盘，但通常使用最舒服的推进飞盘来完成比赛。

3. 风力因素

在许多影响击球的轻微因素中，风是最重要的，更不要说是在比赛中了。风总是可以帮助或是阻碍你的发挥。但老实地说，在有些时候风也确实是个帮手。

特别注意需要尝试多种不同的投掷方式来增加自己的投掷技能。

你已经学会了在风中投掷飞盘，还有一些事项需要记住，比赛中，当你遇到大风或者只是微风时，风常会影响飞盘航迹的弧度，因此你必须做出调整。风会激烈地、不可预测地变化，所以选手应尽可能地投掷得低些。

尽管释放的角度会决定接下来的飞盘航迹的弧度，但握力和发力程度才是真正决定航迹的因素，尤其是在有风的情况下。当风从投掷手臂这边吹来，飞盘将会被向后、向下吹，所以对一个惯用右手的人来说，如果不能直接向目标冲去，可能要投掷得更高、更向右边。当风从投掷手臂相反的方向吹来，逆风投掷，飞盘将被向后吹并且抬高。如果你恰好没有足够的向下的角度投掷，那么飞盘很有可能会反转或者完全飞回。

即便在微风的情况下，也要尽可能把飞盘贴近地面投掷，以防失控。最后一项关于风中投掷的事项，是要用重一点的飞盘，越稳固越好。在有风的情况下，轻的飞盘（150~160 克级别）一离手就会失控，除非你知道如何投掷。

小结

好的推进能够使你在比赛中走得更远。如果你真的想要在推进盘中表现更好，那么你要在一些非飞盘高尔夫场地中训练。这种场地只是为了玩游戏或是娱乐，而那就是你在比赛时大脑需要记住的，其目的就是通过一次一洞来获得最好成绩。但训练要保证黄金时间和精神集中。要清楚地知道哪里可以安全地投掷而不会扔到其他选手，从短距离投掷逐渐发展到长距离投掷。至少 3~5 次抛掷一个相似的飞盘，可以在重量上有所变化。选取一个你想要撞击的点，并完成它。从弧线掷盘开始，然后进行反弧线掷盘，最后直线掷盘，要投掷得低一些，保持水平。每一个成功的专业投手，都有一个良好稳定的直线盘投掷技术，那你为什么不呢？

随着你的技术提高，你更需要理解飞盘的飞行，通过选择更远的目标来开始远距离投掷。随着你的可控距离投掷水平的提高，你将迎接最大的挑战——完善你的开盘。

第三节　开盘

在稳定了推杆、调整好动作后，你就要准备好去应付一个问题，这可以说是飞盘高尔夫最棘手的一个问题：尽可能地发挥出投掷的潜力。到底怎样才能找到将飞盘投掷到最远的地方的方法呢？飞盘本身就是非常重要的一部分，同时握姿、助跑、挥臂、展臂、松手、甩出、顺势动作，以及其他任何你想到的因素，也都一样重要。每个人在投掷的片刻都会对这些问题有非常清晰而独到的见解，知道在这个过程中应该做什么、注意些什么。想要最终确定选择哪种或哪些方法，你必须不断地尝试和练习。

一　从哪里开始

你想达到的无非就是低于标准杆一杆入洞和得分。但不是每个洞都需要大力、远距离地投掷。想投进近距离的洞，需要良好的技巧，远不需要费那么大的劲。你需要考虑的不仅是投进篮子的距离，还有你和篮子之间的障碍，以及要想成功投进它最可行的路径。

一开始，即使要把飞盘投掷在一个较远的洞的附近，都是令人望而却步的任务。当你眼看着优秀的投手不断把他们的飞盘稳稳投进推杆区，这甚至是一件令人沮丧的事。他们总是看起来不费吹灰之力，然而你却为了能够投得有他们一半远，而倾尽全力。关于这些选手的投掷，你必须要记住的一项就是：他们早已熟练了自己的方法并且知道在每种情况下该用哪种飞盘。你应该仔细观察他们，勤于提问，并且在继续练习的过程中向他们学习。采纳你所能得到的所有建议，并把它们投入实践，以证明它们是否对你有用。同时你应该尝试巧妙地投掷，正如你对自己的推进和推杆所做的一样。

你投掷的最初目标是为了显得帅气，能够控制飞盘并使它不偏离球道。估计洞的大小，决定可行的路线，以便能成功击进洞得分。你遇到的许多洞，通常会在你正前方平坦空旷的场地上，所以考验的不过是你投掷的距离、笔直度和高度（这本身也是一种挑战）。余下的洞是有许多障碍的，它们通常给了很多选择和机会。你是要把飞盘投掷得又高又远，以便能越过那棵树，还是低低地掠过它，抑或是使它打旋，从体侧向身体另一侧投掷呢？最明智的选择，是最能激发你力量的一种战略。掌握各种各样易驾驭的、属于你个人的投掷方法，迟早是有用处的。

记住，在正确的时候用正确的飞盘完成正确的动作。

二 分解动作

不要试着立刻把所有的都纠正好。一步步提升你的技术其实更好，这样才是最适合你的。把它拆分成以下几个方面：

- 握姿；
- 准备动作；
- 松手瞬间；

- 甩出；
- 随挥动作。

　　要能够将它们结合在一起，完成一次天衣无缝的投掷，需要一些练习。如果能分别对每个步骤进行练习，投入足够的时间，那么完成得足够顺手，就是自然而然的事情。再进行下一步。你不仅会更加清楚地明白什么有影响，什么无关紧要，而且最重要的是，你还会明白为什么它会有影响。通过清楚确认每一步骤对应的身体方向，再将它们系统地结合起来，你会培养出一种自然的、通顺的节奏，使你能够得到你所需要的自主控制能力，投掷出最远的距离。

三　如何投远

　　远距离投掷这项大技术几乎是每个人都想要掌握的。有些人掌握得很容易，但对我们大多数人来说，不是这样的。你会听到许多关于远距离投掷的秘密理论。许多人会声称这只和甩出的瞬间有关，让飞盘转得更厉害，这样路程也能坚持得更远。一些人说这只和挥臂有关。还有其他人认为，对于许多人来说助跑是挥臂很重要的一部分。而真正掌握远距离投掷其实需要将每个动作做到位，并将所有的动作和之前提到的那些方面，再加上身体控制、快速转换以及强壮的主控肌正确结合起来，时机当然也包括在内。你也不应该忘记对其他人起作用的方法，其实对你而言也一样。此外，要完成远距离投掷还有些不变的本质因素。

　　在投掷高尔夫盘时，要使你手臂在一条直线上挥动，使用微小的手腕动作。这样做的目的是，让你打破通常扔飞盘时的习惯。结果是许多选手都养成了一种半圆的投掷动作，有点像轮胎，几乎当你一让身体调整好投掷位置时就会这样做。尽管这种方法起效不错，提供了足够的劲头，也让你能够控制好飞盘，它却有个弊端，你无法固定住位置来投掷飞盘。鉴于你的投掷点是变化的，即使只是存在任一方向一丝一毫的偏差，想把飞盘准确投掷到你想要的地方，都是不易的。想想你甩一条湿毛巾的动作，这个动作是一样的。

决定好飞盘的路线和投掷点。想象出一条笔直的、将你和篮子相连的路线（不管你选择什么样的路线），然后来到你的起始位置，将你的背尽量对着篮子。一开始你应该是比较直的，当你开始做动作时，照着你轮胎式投掷方法的姿势，将身体调整到一个放松的姿势，笔直拉你的手臂，划过你的前胸——就像在草坪锄草机上猛拉绳索剥离套一样——始终将你的手肘关闭，而飞盘则将一直沿着你之前所想象的路线飞离。从一开始就确认好了你投掷路径的目标，你的投掷点也是固定的，但它实际上与你开始挥臂处偏离了180度。手腕在最后一刻发射前的动作，决定了为什么甩出的瞬间对发射飞盘的力度是非常重要的。飞盘转得远与飞盘在飞行时的转速息息相关。手腕在最后关头的猛甩制造了这个速度，所以不要太早弯手腕。

四 有效的助跑

你挥臂助跑中需要多少步不可轻视，正确答案只能由你来决定。有些选手不需要跑许多步，然而另一些人则需要180度转身。尤其还有一些著名选手，会对着目标助跑，但在发盘前会完成360度的转身。

小贴士

从飞盘的旋转可以看出它能支撑飞盘飞行的距离。

1. 180 度助跑

180 度助跑通常包含三个步骤。在决定好想要的角度和发射点之后，选手在设想好的情况下不面对目标站着（见图 6-4）。

（1）背对篮子站。与投掷的手臂同侧的脚应该在前踩线，而另一只脚应该在后，与前一只脚至少拉开半步的距离。

（2）以将在前的一只脚后退作为你助跑的第一个动作。

（3）第二步要继续踩着假想线并将你的飞盘抓得更紧。

（4）在第三步转动你的臀部但仍然不面朝篮子，抬起你的手肘将飞盘朝着你的前胸拉。当投掷臂一侧的脚踩上了假想线，在两个动作的变

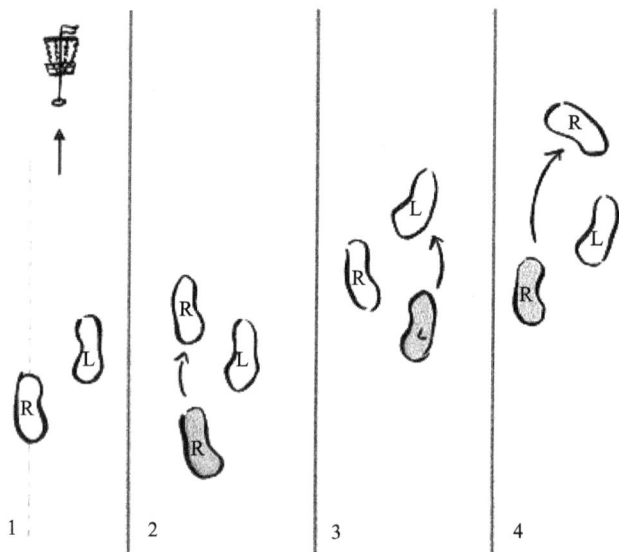

图 6 - 4　180 度助跑步法

换间把飞盘拉近经过你的前胸，充分伸展你的手臂，在发射点猛甩你的手腕。

2. 360 度助跑

360 度助跑对许多选手来说同样包含三个步骤，而对另一些选手则包含更多的步骤。简单起见，我们一般坚持三步骤的方法。在决定好了想要的角度和飞盘的投掷点之后，选手面对目标，沿着通向它的假想线而站。投掷臂异侧的支撑脚应该在前，而另一只脚应该在后，与前一只脚至少拉开半步的距离（见图 6 - 5）。

（1）助跑的第一个动作就是将与投掷的手臂同侧的脚，向前 45 度方向跨出。

（2）在第二步继续迈腿 45 度，这样你就可以不用面对篮筐，并将飞盘抓得更紧。

（3）在第三步完成 180 度转身，抬起你的手肘将飞盘朝着你的前胸拉。当在投掷臂一侧的脚踩上了假想线，在两个动作的变换间把飞盘拉近经过你的前胸，充分伸展你的手臂，在投掷点猛甩你的手腕。

选择任何一个对你来说最合适的方法。平衡好一切，以及把握好时

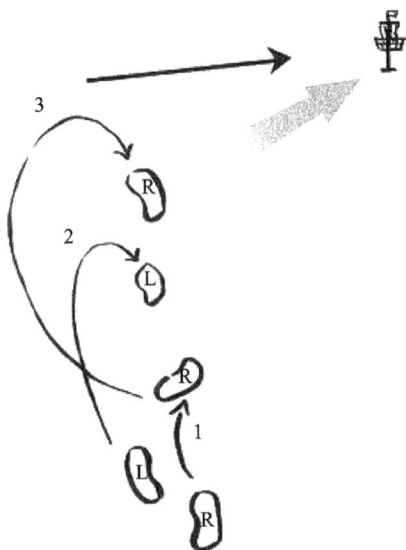

图 6 – 5　360 度助跑步法

机都是必要的。记住：尽管身体的进一步动作必然会引起额外的向前的能量，传递到飞盘，帮助它飞得更远，但这部分增加的能量是可以忽略的。一个飞盘背后真正的潜力来自你手臂伸展的速度、你发射以及手腕用来加快飞盘转速的甩动。

对于有些选手，这样的助跑只会给发射的控制和准确度造成困扰，因为有那么多东西，需要同时快速地协调。如果那只是你个人的问题，请不要做一个太费劲、高难度的助跑。观察其他人是怎么做的，尝试下，学会随机应变，直到你能将一切厘清。最重要的是要关注你的拉和放。

3. 拉和放

将飞盘向前推时，力量的大小是由你发射前手臂拉伸的速度所产生的（你的猛拉），同时手腕的甩出给飞盘的转速，决定了飞盘飞行的距离和稳定性。不要把手臂的速度与肌肉的力量混为一谈。

小贴士

当开盘的时候想一下用力拉湿毛巾的发力动作。

当你站在比赛场上，面对一个远距离的洞，为了让飞盘飞到它该到的地方，你会倾向于将飞盘用尽可能大的力气扔出。即使有着超群的技术，在多数情况下你这种使用粗鲁力道的方法，将会以失去对飞盘的完全控制为代价。掌握了主流的一锤定音的投掷方法，再高超的技术也显得没那么必要了。在这种方法下，你的臂力和肩膀的力道决定了在飞盘的劲头爆发出来前，你能将飞盘扔出多高多远。但对于需要控制的反手投掷，好的技术就是必需的了。你通常会发现不拼尽全力发射飞盘，而只是将它拉回来一点，更多地集中于你的技术，你会将飞盘控制得更好，而且通常扔得更远、更有准确性。

小结

学会如何将飞盘投掷得非常好，可能是个漫长的过程。要学习对你起最好效用的正确的反手投掷方法，有许多东西都要铭记于心。正如推进盘和推杆一样，不断练习、经常上场，将很容易让这些最终成为你取得越来越高的场上得分的技巧。

和其他选手交谈，去尝试、去适应，建立你自己投掷的技术体系，然后轻松享有它。终有一天，当你踏入赛场，你会完全为你自己在比赛中的表现所惊讶。真的，它会发生！

第七章 飞盘运动员体能与训练

技术是基础，而体能是比赛的保障。运动员体能发展水平是由其身体形态、身体素质、生理机能及心理智能的发展状况所决定的。身体形态是指机体内外部的形状。生理机能是指机体各器官系统的功能。身体素质是指机体在运动时所表现出来的各种基本运动能力，通常包括力量、耐力、速度、柔韧度、灵敏度等。构成体能的身体形态、身体素质、生理机能及心理智能四个因素都有其各自相对独立的作用，同时又有密切联系，彼此制约、相互影响，其中每个因素的水平都会影响体能的整体水平。四个构成因素中，身体素质是体能的外在表现，因此在运动训练中多以发展各种运动素质为体能的基本内容。

第一节 力量素质及训练

力量素质是运动员所有身体素质的基础素质。绝大多数竞技运动项目的运动员只有具备很好的力量素质，才可能获得优异的运动成绩。

一 力量素质的分类

力量素质分类如下：按照力量素质与运动专项的关系，可分为一般力量与专项力量；按照力量素质与运动员体重的关系，可分为绝对力量和相对力量；按照完成不同体育活动所需力量素质的不同特点，可分为最大力量、快速力量和力量耐力。

1. 最大力量及其发展影响因素

最大力量指人体或某部分用最大力量克服阻力的能力。主要表现为肌肉收缩强度及神经兴奋强度较大。增长最大力量多采用附加重量的方法，影响总负荷的因素有负荷重量、练习重复次数及组数等，即总负荷=（负荷重量×次数）×组数。大负荷强度训练对人体刺激强度大，能很快提高最大力量。投掷等项目的运动成绩，很大程度上取决于运动员的最大力量。衡量最大力量，并不考虑体重因素。所以，投掷运动员一般表现为各部位肌肉横断面大、体重大，肌肉力量亦大。

2. 快速力量及其发展影响因素

快速力量指人体在做快速动作时用力的能力，是力量和速度综合素质的表现，典型的表现形式是爆发力，即在最短时间内发出最大力量。表现为肌肉收缩强度大，收缩与放松交替时间短。爆发力一般采用速度力量指标表示，可表示为 $I = F/t$，其中 I 是速度力量指数，F 是肌肉收缩的力量，t 是收缩所用的时间。发展速度力量主要是提高肌肉用力能力和肌肉收缩度。肌肉用力能力是速度力量的基础。从力量与速度变化关系分析，速度力量有两种表现形式：增加力量和加快速度。

3. 力量耐力及其发展影响因素

力量耐力指人体在克服一定外部阻力时，坚持尽可能长时间或重复尽可能多次数的力。表现特征为克服外部阻力时，不仅肌肉收缩强度大，收缩与放松交替时间短，而且持续时间较长，或在整个动作和运动中连续重复出现。发展力量耐力，一般采用负荷重量较小、重复次数多的练习方法，以使肌肉长时间持续收缩到最大限度。次数超过需要时，应增加负荷重量。

二 发展最大力量的训练途径和方法

1. 发展最大力量的训练途径

（1）加大肌肉横断面。

（2）增加肌肉中磷酸肌酸（CP）的储备量，以加快工作中 ATP 的合成速度。

（3）提高肌肉间及肌纤维之间的协调性。

（4）改进和完善运动技巧。

2. 发展最大力量的训练方法

（1）重复练习法。负荷强度为 75% ~ 90%，每项训练中完成的组数为 6 ~ 8 组，每组重复 3 ~ 6 次，组间间歇 3 分钟。

（2）静力练习法。负荷强度为 90% 以上，每次持续时间为 3 ~ 6 分钟，练习 4 次，每次间歇时间为 3 ~ 4 分钟。

三 发展快速力量的训练途径和方法

1. 发展快速力量的训练途径

（1）提高最大力量。

（2）缩短最大力量所需的时间。

2. 发展快速力量的训练方法

（1）先加后减负荷练习。先增加负荷的质量，使之超过比赛时需克服的阻力，当机体基本适应后，再减少负荷至正常水平，这样可有效地提高运动员在标准阻力下完成动作的速度。

（2）减负荷练习，减轻外界阻力（负荷质量）或给以助力的练习。例如，投掷运动员常采用的投轻器械练习。快速力量训练的结果在很大程度上取决于中枢神经系统能保持的适宜兴奋度。因此，在训练中应避免出现疲劳，重复次数不宜过多，组间休息应保证机体基本获得恢复。

四 发展力量耐力的训练途径和方法

1. 发展力量耐力的训练途径

发展力量耐力首先要根据专项特点认真分析，研究一下究竟需要什么样的力量耐力，进而选择训练方法，再确定训练负荷的基本要求。

2. 发展力量耐力的训练方法

（1）持续训练法。持续训练法是指负荷强度较低、负荷时间较长、无间断连续练习的训练方法。

（2）重复训练法。重复训练法是指多次重复同一练习，两次（组）

练习之间安排相对充分休息的练习方法。

（3）间歇训练法。间歇训练法是指对多次练习时的间歇时间做出严格规定，使机体处于不完全恢复状态下，反复练习的训练方法。

（4）循环训练法。循环训练法是指根据训练的具体任务，将练习手段设置为若干个练习站，运动员按照既定顺序和路线，依次完成每站练习任务的训练方法。

五　力量素质训练的注意事项

1. 注意不同肌群力量的对应发展

根据专项竞技的需要，在主要发展运动员大肌群和主要肌肉群力量的同时，要十分重视小肌肉群、远端肌肉群、深部肌肉群的力量训练。

2. 选择有效的训练手段

应根据完成训练任务的需要，正确地选择有效的训练手段，规范并明确正确的动作要求。例如，发展股四头肌力量，可选择负重半蹲起的练习，应要求运动员在练习时双脚平行或稍内扣站立，以求有效地发展股四头肌的力量。

3. 处理好负荷与恢复的关系

（1）在一个训练阶段中，负荷安排应大中小结合，循序渐进地提高负荷量度。

（2）在小周期训练中，应使各种不同性质的力量训练交替进行。例如，每周星期一、三、五可安排发展爆发力或者最大力量为主的训练。

（3）在每组重复练习中，注意组间的休息。一般而言，训练水平低的运动员组间休息要长些。

（4）力量训练后，要特别注意使肌肉放松。肌肉在力量训练后会产生酸胀感，肌肉酸胀是肌纤维增粗现象的反映，也是力量增长的必然。但应积极采取措施消除肌肉的酸胀感，以利于减少能量消耗，并更好地保持肌肉弹性。

4. 注意激发练习的兴趣

肌肉工作力量的大小与中枢神经系统发射的神经冲动的强度有着密

切的关系。神经冲动的强度越大，肌纤维参与工作的数量越多，冲动越集中，运动单位工作的同步化程度越高，表现的力量也就越大。因此，在运动训练中应注意有意识地提高运动员练习的兴趣与积极性，以求提高力量训练的效果。爆发力训练对神经系统兴奋性要求更高。

5. 儿童少年力量训练应注意的事项

掌握儿童少年力量发育的趋势，以便科学地安排力量训练。8岁以后，男、女孩力量开始显露差别，男孩绝对力量自然增长的敏感期为11~13岁，而后绝对力量增长速度缓慢，到25岁左右最大；女孩为10~13岁，绝对力量增长速度很快，三年中总的绝对力量可提高46%，13~15岁绝对力量增长速度下降，15~16岁回升，16岁以后再度下降，到20岁左右基本上可以达到最大力量。在儿童少年时期，速度力量的发展比绝对力量发展得快一些并且早一些。7~13岁是速度力量发展的敏感期，13岁以后男孩增长得比女孩快。力量耐力的自然发展趋势较为稳定，男孩7~17岁基本处于直线上升趋势，女孩13岁以后增长速度缓慢，14~15岁甚至出现下降。儿童少年时期骨骼系统中软组织多，骨组织内的水分和有机物较多，无机盐少，骨骼弹性好不易折断但坚固性差，易弯曲，因此儿童少年时期不可大强度训练。在这个时期应多做发展力量耐力的训练，如小负荷训练，特别是克服自身体重的练习（肖涛、孔祥宁、王晨宇，2016）。例如，做俯卧撑、仰卧起坐、反复下蹲等练习，可使全身肌肉力量得到发展，增加肌肉中毛细血管和肌红蛋白的数量，改进输氧功能。儿童少年时期力量训练应以动力练习为主，少用或不用静力性练习，特别要尽量避免出现憋气动作，以免因胸膜腔内压的突然变化而影响心脏的正常发育。儿童力量训练不要过早强调与专项运动技术相结合，应着重身体全面发展的力量训练。

第二节　速度素质及训练

速度素质是指人在最短时间内移动一定距离的能力，是与动作技能有关的基本体适能。极限飞盘运动需要快速移动的能力，而这种能力不仅体现在传接盘的速度上，而且体现在快速反应及动作速度上。比赛中，快速移动的能力往往是决定比赛胜负的关键，而瞬间的变化则取决于速度对抗上的胜负。速度素质根据其表现方式的不同，分为反应速度、动作速度和位移速度。

一　速度素质的训练方法

1. 反应速度

（1）听信号加速跑

慢跑中听信号后突然加速快跑 10 米，根据情况进行多组重复练习。

（2）小步跑、高抬腿跑接加速跑

做原地或行进间的小步跑或高抬腿跑，听到信号后突然加速快跑 10 ~ 20 米，根据情况进行多组重复练习。

（3）俯撑起跑

从俯撑开始，听信号后迅速收腿起跑 10 ~ 20 米，根据情况进行多组重复练习。

（4）转身起跑

背对跑的方向站立，听信号后迅速转体 180 度，加速跑 20 米，根据情况进行多组重复练习。

（5）听口令起跑

蹲踞式或站立式起跑 20 米，组数及每组次数根据学生水平而定。

（6）听（看）信号变速快跑

在慢跑或其他移动中，听（看）信号后立刻快跑 10 ~ 20 米。

（7）突变反应练习

练习者听信号做各种滑步、上步、交叉步、转身、急停、接球、上步垫球等练习。

（8）听信号做专门练习

专门练习编号，听号数做不同的练习。

（9）接传不同方向的来球

练习者依次接不同方向的来球，并传出。

2. 动作速度

（1）听口令、击掌或节拍器摆臂

上体直立或稍前倾，两脚前后开立或弓箭步，根据口令击掌或按节拍器节奏，做快速前后摆臂练习 20 秒左右，节奏由慢至快，快慢结合，摆臂动作正确、有力。

（2）原地快速高抬腿或支撑高抬腿

直立或前倾支撑肋木或墙壁等，听信号后做高抬腿 10～30 秒，大腿抬至水平，上体不后仰。

（3）快速小步跑

小步跑 15～30 米，两腿频率越快越好。要求大腿发力，小腿放松，膝踝关节放松，脚落地后有扒地动作。

（4）快速小步跑接高抬腿跑

快速小步跑 5～10 米后，转高抬腿跑 20 米。小步跑要放松而快，转高抬腿跑时频率不变，只是动作幅度加大。

（5）快速小步跑接加速跑

快速小步跑 10 米左右后变为加速跑。

3. 位移速度

一般以快速跑作为典型的发展位移速度的练习方法，如 50 米跑。

（1）徒手练习摆臂，逐渐过渡到手持哑铃练习摆臂，动作由慢到快。

（2）手扶墙或栏杆，做单脚支撑蹲立练习。

（3）在室内或室外空地处做原地高抬腿跑练习，动作由慢到快。

（4）利用室外通道做小步跑、弓箭步走、弓箭步交换跳等动作的练习。

（5）利用室外空地做快慢结合的原地跳短绳练习。

总之，只要你想进行体育锻炼，总会有相应的办法，关键是要培养自己的锻炼习惯，克服惰性。采用上述的锻炼方法，持之以恒地坚持锻炼，可以发展自己的速度素质和力量素质，提高快速跑的能力。

二 速度素质训练的注意事项

速度素质训练应在运动员兴奋性高、情绪饱满、运动欲望强的情况下进行，一般应安排在训练课的前半部分。

速度训练应结合运动员所从事的专项运动进行，如对短跑运动员的反应速度训练，应着重注意提高他们听觉的反应能力，对体操运动员应着重提高其皮肤感觉的反应能力，而对飞盘运动员则应该着重提高其视觉反应能力。在对不同信号的反应中，触觉反应最快、听觉反应其次、视觉反应最慢。例如，18～25 岁的男子对声音的反应需要 0.14～0.31 秒，对光的反应需要 0.20～0.35 秒，可是触觉反应仅需 0.09～0.18 秒。

少儿速度训练应掌握少儿速度自然发展趋势，以便科学地安排速度训练。6～12 岁反应速度提高幅度较大，9～12 岁提高得更为显著，12 岁以后，由于进入发育阶段，反应速度增长减慢，到 16 岁时，由于内分泌系统等机能产生了质的飞跃，反应速度提高出现高峰，到 20 岁以后提高速度将慢下来。一般反应速度 2～3 岁为 0.5～0.9 秒，5～7 岁为 0.30～0.40 秒，12～14 岁为 0.15～0.20 秒。

从肘关节的最高动作频率看，4～17 岁动作速度将从 3.3 次/10 秒提高到 3.7 次/10 秒，其中 7～17 岁频率自然增长。4～5 岁的孩子动作角速度可以达到 26.1～37.1 度/秒，以后随着年龄的增长动作角速度也随之提高，13～14 岁时动作角速度可能达到 42.0～86.1 度/秒，基本接近成年人的水平。

至于跑的速度（移动速度），7～12 岁男女孩跑的最高速度差别不大，到 13 岁以后，男孩逐渐超过女孩。男子在 18 岁以后跑的速度也有提高的趋势，而女子 17 岁以后跑速自然提高速率减缓。女孩 14～16 岁时由于青春期的关系，速度表现很不稳定，有时可能低于 14 岁以前的速度。

由于移动速度具有多项素质综合利用的特点，移动速度的发展与力量、耐力等其他身体素质的发展有着密切的关系，因此对少儿速度进行训练的同时，要充分重视其全面身体素质的训练。

★★★ 小贴士

速度提高到一定程度时，常会出现进展停滞、难以提高的现象，称为"速度障碍"。产生速度障碍的客观原因是，技能动力定型的形成，即运动员技术动作的空间时间特征都趋于稳定。出现速度障碍时，可采用牵引跑、变速跑、下坡跑、带领跑、顺风跑等手段予以克服。

第三节　耐力素质及训练

耐力素质是指人体长时间坚持活动的能力，是人体重要的基本素质之一。它包括一般耐力和专项耐力。极限飞盘运动不仅需要能够坚持长时间运动的一般耐力，而且需要在快速转换中保持一定的速度耐力，这一点与足球、篮球和橄榄球基本相似。

一　一般耐力

一般耐力通常以能够长时间坚持人体活动为衡量标准。一般耐力训以有氧耐力练习为主。在长时间的运动过程中，充足的氧气供应可以满足呼吸和循环系统的工作需要，可以使大脑皮层神经细胞在长时间的刺激下始终保持兴奋和抑制的协调状态，使神经和肌肉的能量消耗达到合理和节省化程度。

练习方法：

（1）以有氧运动练习为主，可先按规定的时间、距离和数量进行，然后逐渐增加，运动负荷始终保持中等强度——最大心率的 65% ~ 85%，公式为（220 - 实际年龄）×（65% ~ 85%）。

（2）长时间、小强度的匀速跑、越野跑、定距跑等练习手段。

（3）长时间、小强度的球类活动、游泳、爬山等练习手段。

二　专项耐力

专项耐力是指不同运动项目所需要的某种专门性的耐力，通常指速度耐力、力量耐力和静力性耐力。极限飞盘运动所需要的专项耐力更多的是指速度耐力。研究表明，提高专项耐力需在一般耐力的基础上，采用增加练习强度和密度的方法，使这种耐力锻炼超过原来的耐力水平，并逐步接近极限负荷。

练习方法：

（1）规定练习距离、时间和重复次数，采取变速跑、重复跑、间隔跑等练习。

（2）看教练员的手势向不同方向移动。

（3）多组的追盘跑练习。

三　耐力素质训练注意事项

1. 耐力训练前的饮食

运动训练之前最好提前一小时进食。训练与饮食的间隔不能少于30分钟，否则会在运动中增加肠胃负担，身体将产生不适感。运动前的食物要求是浓缩体积小、易于消化，不要吃一些含纤维多的不易消化的粗杂粮以及易产气的食物。根据能量供应的原理，耐力素质训练前可以适当增加蛋白质与脂肪的摄入量，严禁不吃早餐就进行耐力训练，这样很容易造成低血糖，出现伤害事故。

2. 耐力训练前的准备活动应当重视

耐力训练前的准备活动最少应持续20分钟以上。主要以慢跑为主，以及一些比较轻松的游戏及全身运动，不要做比较剧烈的对抗性游戏。主要目标是提高体温，逐步提高内脏功能的稳定性，提高植物性神经系统的兴奋性、降低其"惰性"。

3. 耐力训练应当注意选择正确的运动姿势和呼吸方式

耐力训练目前还是主要以较长距离跑为主。跑的动作我们要求大腿前摆较低，身体腾空低，步长较小，但步频要快；脚着地时应采用滚动着地，重心起伏小，平稳推进；双臂的摆弧较小，不超过身体中心线，高度一般不超肩部。耐力训练中正确的呼吸方式，对跑步能力起着决定性的作用。呼吸适宜的深度约为个人肺活量的1/3，只要呼吸肌工作即可。为了得到必要的通气量，必须用半张的嘴和鼻子同时呼吸，呼吸的节奏以个人的习惯和跑速而定。一般呼吸的节奏有以下几种。

（1）二步吸气和二步呼气，四步一个呼吸周期。

（2）一步半吸气和一步半呼气或二步吸气和一步呼气，三步一个呼吸周期。

（3）一步一吸气、一步一呼气，二步一呼吸周期。

4. 注意训练中合理安排适宜的运动负荷，学会用脉搏来控制负荷量

因为在负荷心率需氧量之间存在线性关系，心率可以作为各种训练手段对机体评价的可靠指标。一般而言，达到最大需氧量心率 180 次/分的跑速叫作临界速度，低于这个速度称为临界下速度，高于它则称为临界上速度。心率在 150 次/分以下的跑是在有氧供能下进行的，心率在 160 ~ 180 次/分的跑是有氧与无氧供能混合下进行的，心率在 180 次/分以上为无氧供能。心率在 160 次/分、180 次/分的临界点练习是组合性的，对发展耐力影响很大。

5. 注意练习手段的渐进性、多样性和趣味性

练习手段的渐进性一般是先以健身走过渡到健身跑，以有氧耐力过渡到有氧和无氧混合代谢训练。练习手段上先以单人练习徒手或持器械过渡到双人或多人组合性练习，再到多人的抗性练习。训练方法上也主要是低强度的持续性练习，如先匀速跑再到变速跑。最后是强度较大的不完全休息间歇训练。在变速跑、间歇跑、重复跑过程中距离也应该由短到长，组间间隔时间应由长到短。

6. 提高意志品质程度

耐力素质的训练需要一定的负荷量，它是在克服机体疲劳的情况下所表现出来的一种能力，如果不能克服意志上的障碍、吃苦耐劳、坚持到底、顽强拼搏，就很难从心理上接受耐力素质的发展。因此，需要不断挖掘心理潜力，提高意志品质，并不断通过自我暗示、自我激励以产生或增强克服困难的内驱力。

第四节　灵敏素质及训练

灵敏素质是一种综合素质，良好的灵敏性有助于更快、更多、更准确地掌握技术和练习手段，使已有的身体素质更充分地运用到实践中去，还可以防止伤害事故的发生。极限飞盘运动要求的灵敏素质主要表现为起动迅速、转向迅速以及跳起接盘后维持身体平衡的能力等。急停、急转、快速摆脱对手是极限飞盘运动战术的需要，也是优秀运动员个人能力的表现；根据场上的情况以及防守者的站位来快速变换出手方向，熟练改变不同的掷盘技巧，并能够维持身体平衡也是需要的；快速移动中的接盘更需要准确的判断、合理的手法以及稳定的动作。

一　灵敏素质练习的主要手段

（1）在跑、跳中做迅速改变方向的各种跑、躲闪、突然起动以及各种快速急停和迅速转体练习等。

（2）做各种调整身体方位的练习。

（3）做专门设计的各种复杂多变的练习，如用"之字跑""躲闪跑""穿梭跑""立卧撑"四项组成的综合性练习。

（4）以非常规姿势完成的练习，如侧向或倒退跳远、跳深等。

（5）限制完成动作的空间练习，如在缩小的球类运动场地练习。

（6）改变完成动作的速度或速率的练习，如变换动作频率或逐步增加动作的频率。

（7）做各种变换方向的追逐性游戏和对各种信号做出应答反应的游戏等。

二　灵敏素质练习的途径

发展灵敏素质是运动训练的重要组成部分之一，是提高运动能力的一个非常重要的方面。在发展灵敏素质过程中，应该注意提高力量、速度、耐力、柔韧素质等，这是发展灵敏素质的基础。竞技体操、武术、滑冰、滑雪、各种球类运动等项目是发展灵敏素质的有效项目。在专项练习复杂化的条件下反复练习与专项运动性质相似的动作，是发展专项灵敏素质的有效途径。发展灵敏素质的途径主要包括徒手练习、器械练习、组合练习和游戏等。

1. 徒手练习（包括单人练习和双人练习两类）

（1）单人练习，主要有弓箭步转体、立卧撑跳转体、前后滑跳、屈体跳、腾空飞脚、跳起转体、快速后退跑、快速折回跑等练习。

（2）双人练习，主要有躲闪摸肩、手触膝、过人、模仿跑、撞拐、巧用力等双人练习。

2. 器械练习（包括单人练习和双人练习两类）

（1）单人练习，主要包括各种形式的个人运球、传球、顶球、颠球、托球等多种练习，单杠悬垂摆动、双杠转体跳下、挂撑前滚翻、翻越肋木、钻栏架、钻山羊以及各种球类运动、技巧运动、体操运动的专项技术动作的个人练习等。

（2）双人练习，主要包括各种形式的传接球、运球中抢球、双杠端支撑跳下换位追逐、肋木穿越追逐等双人练习。

3. 组合练习（包括两个动作组合、三个动作组合和多个动作组合的练习）

（1）两个动作组合练习，主要有交叉步—后退跑、后踢腿跑—圆圈跑、倒手翻—前滚翻、转体俯卧—膝触胸、变换跳转髋—交叉步跑、立卧撑—原地高抬腿跑等。

（2）三个动作组合练习，主要有交叉步侧跨步—滑步—障碍跑、旋风脚—侧手翻—前滚翻、弹腿—腾空飞脚—鱼跃前滚翻、滑跳—交叉步跑—转身滑步跑等练习。

（3）多个动作组合练习，主要有倒立前滚翻—单肩后滚翻—侧滚—跪跳起、跨栏—钻栏—跳栏—滚翻、摆腿—后退跑—鱼跃前滚翻—立卧撑等练习。

4. 游戏

发展灵敏素质的游戏具有综合性、趣味性、竞争性的特点，能引起练习者的极大兴趣，使人全力以赴地投入活动，既能集中注意力，巧妙对付复杂多变的活动场面，又能锻炼提高神经系统的灵活性和反应速度，有效地提高身体素质和运动技能。发展灵敏素质的游戏很多，主要包括各种应答性游戏、追逐性游戏和集体游戏等。

三 灵敏素质训练的注意事项

1. 练习方法、手段应多样化并经常改变

人体一旦对某一动作技能熟练到自动化程度时，再用该动作去发展灵敏素质的意义就不大，因此发展灵敏素质练习的方法应是多种多样的，并且要经常改变。这样不仅可以使人掌握多种多样的运动技能，还可以提高人体内各种分析器的功能，在运动中能够表现出时空三维立体中的准确定向定时能力，还能表现出动作准确、变换迅速的能力。

2. 掌握本专项一定数量的基本动作

运动技能本质是条件反射，这种在大脑皮层中建立的条件反射暂时联系的数量越多，临场时及时变换动作的暂时联系的接通就越迅速准确，在已掌握的运动技能的基础上，可以快速形成新的应答性动作来应付突然发生的情况。因此应尽量多地掌握一些基本的动作、基本技术及战术等，这有利于提高灵敏素质。灵敏素质是人体综合能力的表现，发展灵敏素质还必须从培养人的各种能力入手，在练习中广泛采用发展其他身体素质的方法来发展灵敏素质，并培养掌握动作的能力、反应能力、平衡能力等。

3. 抓住发展灵敏素质的最佳时期

灵敏素质是在中枢神经系统的指挥下，各种能力的综合表现。儿童少年的神经系统是人体发育最早、最快的系统，他们具有较好的反应能力，在动作速度、平衡能力、节奏感等方面具有很大的发展潜力，这些都为发展灵敏素质提供了有利的条件，因此应抓紧这一时期进行灵敏素质练习。

4. 进行灵敏素质练习时应注意消除练习者的紧张心理状态

在灵敏素质练习时，教练员应采用各种有效的方法与手段，消除练习者紧张的心理状态和恐惧心理。因为人心理紧张时，肌肉等运动器官也必然紧张，会使反应迟钝、动作的协调性下降，影响练习的效果。

小贴士

在灵敏素质的练习过程中应有足够的间歇时间，以保证 ATP 能

量物质的合成。但休息时间又不可过长，休息时间过长会使中枢神经系统的兴奋性大幅度下降，在下次练习中就会减弱对运动器官的指挥能力，使动作协调性下降、速度减慢、反应迟钝，这必然影响练习的效果。一般地讲，练习时间和休息时间可控制在1:3的比例。

第八章 飞盘运动员心理训练

运动员的心理能力与其体能及技战术能力有着非常密切的关系，它们是相互依存、相互制约、相互促进和相辅相成的。良好的个性品质和必要的心理技能可以有效地促进运动员进行体能训练和提高技战术水平，同时也是运动员在比赛中正常或者超常发挥的前提和保证。在现在竞技体育高度发展的今天，由于新技术革命的兴起和社会文明在各个领域的飞速发展，通信技术和信息交流的现代化及国际体育竞赛的频繁交流，使运动员在体能、技术和战术训练方面的差距日益缩小，竞争日趋激烈，比赛胜负常常取决于临场发挥的心理稳定性。现在的运动训练、竞赛的实践和科学研究还表明，运动员在消耗巨大身体能量的同时，要付出巨大的心理能量，运动竞赛不单纯是运动员体能、技能和战术运用的竞争，同时也是心理能力的较量。

第一节 心理训练方法

在飞盘竞赛中，运动员要想取得良好的运动成绩，仅仅依靠良好的身体素质和技战术能力是不行的。从哲学角度看一切事物都是内外因共同作用的结果，内因是事物变化的根据，外因是事物变化的条件，外因通过内因起作用。对于运动员来说，内因是自身所具备的顽强的毅力、必胜的信念等内在动因。调查显示在每年的国内外体育竞赛中，心理技能准备不足导致失败的占 70% 左右。因此，教练员应重视运动员心理技能的训练，分析每个运动员的个性心理特征，采取行之有效的训练方法促进运动员心理技能的形成。

一　注意控制训练

注意是指人的心理活动对一定对象的指向和集中。注意是成功地完成技能动作和体验竞赛乐趣的另一个至关重要的心理技能。

比赛心理定向（Mental Set in Competition）是指运动员赛前和赛中的注意焦点。比赛心理定向或注意指向对运动员的参赛心理至关重要。心理定向决定运动员的参赛状态。比赛心理定向或注意指向应坚持三个原则。

第一个原则是过程定向，即比赛时将注意的方向定位在比赛过程要素而不是比赛最终结果的认知倾向。这里，比赛过程要素注意指与比赛表现直接关系的且自己可以控制的要素，例如之前的器材维护、饮食调节、休息、练习，以及比赛中的技术、战术、体能分配等。比赛最终结果主要指比赛名次、比赛成绩、与他人相比的差距等。心理定向（Mental Set）决定运动员的参赛状态。积极的心理定向是将注意放在比赛过程要素上、放在当前任务上、放在自我控制上、放在技战术上。积极的心理定向会成为运动员努力奋发和平衡心态的动力来源。消极的心理定向则是将注意放在比赛结果上、放在与他人的比较上。消极的心理定向会成为运动员的额外负担，影响技术水平的发挥，进而使比赛不能达到预期目标，产生不好的结果。

第二个原则是当前定向，即比赛时将注意的方向定位在当前任务而不是过去的结局和将来的结果的认识倾向。运动员参赛过程往往是一个分阶段且持续时间较长的过程。前一轮的结果往往会对运动员后一轮的表现产生重要影响。因此，在比赛过程中不断进行心理调节、树立正确的心理定式，成为运动员保持优势或反败为胜的重要保证。当前定向的原则要求运动员在不断进行心理调整的过程中，确立和保持从零开始的心理定向，将注意集中在立刻需要加以完成的具体任务上，既不过多纠缠在已发生的事情上（无论是积极事件还是消极件），也不过多缠绕在将要取得的成绩上。

第三个原则是主位定向，即比赛时将注意指向自己的思维和行为，而不是天气、裁判、比赛规则等难以控制的认识倾向。主位定向的原则要求运动员将注意集中在可以控制的因素上，而可以控制的因素主要是运动员自身的一些因素，如自己将要采取的技术、战术手段、体力分配策略、思维和表象的内容，以及与教练员的沟通等。同时，采取一些必要的措施，回避和排除与自己、与比赛过程无关的信息。

在注意控制训练中，教练员应帮助运动员根据以上三个原则，逐渐培养过程定向、当前定向和主位定向的注意指向习惯。语音是思维的工具，人们的思维活动一般都是通过语音进行的自我暗示训练，是利用言语等刺激物对人的心理施加影响，并进而控制思维和行为的过程。运动心理学的研究表明，自我暗示能够提高动作的稳定性和成功率。通过自我暗示训练达到思维控制，有以下六个步骤。

（1）使运动员理解认识及其表现方式——语音对情感和行为的决定作用。

（2）确定训练比赛中经常出现的消极想法，如"这个动作我是学不会了"。

（3）确定如何认识这种消极想法。

（4）确定如何抵消这种消极想法的积极提示音，如"世上无难事，只怕有心人"。

（5）不断重复相应的对句，如"这下完了——还有机会，拼搏到底"。

（6）通过不断重复和定时检查，举一反三，在生活中养成对待困难的积极态度和良好习惯。

二 情绪控制的方法与手段

1. 放松训练

放松训练是以暗示语集中注意力，调节呼吸，使肌肉得到充分放松，从而调节中枢神经系统兴奋性的过程。放松练习的主要作用有：第一，降低中枢神经系统的兴奋性；第二，降低由情绪紧张而产生的过多能量消耗，使身心得到适当休息并加速疲劳的消除；第三，为进行其他心理技能训练打下基础。学会肌肉放松是保持身心健康的有效手段。

典型的自生放松训练程序如下：舒适地坐在一张椅子上，胳膊和手放在椅子的扶手或自己的腿上，双腿和脚取舒适的姿势，脚尖略向外，闭上双眼；或者仰面躺下，头舒服地靠在枕上，两臂微微弯曲，手心向下放在身体两旁，两腿放松，稍分开，脚尖略朝外，闭上双眼。根据以下指导语逐渐进入放松状态：

> 平静而缓慢地呼吸，我的呼吸很慢、很深。
>
> 我感到很安静。
>
> 我感到很放松。
>
> 我的双脚感到沉重和放松。
>
> 我的踝关节感到了沉重和放松，我的膝关节感到了沉重和放松，我的双脚、踝关节、膝关节、臀部全部感到了沉重和放松。
>
> 我的腹部、我的身体的中间部分感到了沉重和放松。
>
> 我的双手感到了沉重和放松，我的手臂感到沉重和放松，我的双肩感到沉重和放松，我的双手、手臂、双肩全部感到沉重和放松。
>
> 我的脖子感到沉重和放松，我的下巴感到沉重和放松，我的额部感到沉重和放松，我的脖子，下巴和额部全部感到沉重和放松。
>
> 我整个身体都感到安静、沉重、舒适、放松。
>
> 我感到很放松。
>
> 我的双臂和双手是沉重和温暖的。
>
> 我感到十分安静。
>
> 我的全身是放松的，我的双手是温暖的、放松的。
>
> 轻松的暖流流进了我的双手，我的双手是温暖的、沉重的。
>
> 轻松的暖流流进了我的双臂，我的双臂是温暖的、沉重的。
>
> 轻松的暖流流进了我的双腿，我的双腿是温暖的、沉重的。
>
> 轻松的暖流流进了我的双脚，我的双脚是温暖的、沉重的。
>
> 我的呼吸越来越深，越来越慢。
>
> 我的全身感到安宁、舒适和放松。
>
> 我的头脑是安静的，我感觉不到周围的一切。

我的思想已专注到身体的内部，我是安闲的。

我的身体深处，我的头脑深处是放松、舒适和平静的。

我是清醒的，但又处于舒适的、安静的、注意内部的状态。

我的头脑安详、平静，我的呼吸更慢更深。

我感到一种内部的平静。

保持一分钟。

放松和沉静现在结束。深吸一口气，慢慢地睁开双眼，你感到生命和力量流通了你的双腿、臀部、腹部、胸部、双臂、双手、颈部、头部。这种力量使你感到轻松和充满活力。之后便可恢复活动。

从以上描述可以看出，自生放松是一种通过暗示语使身体各部位直接放松，最后达到全身放松的方法。自生放松强调的是呼吸调节、温暖感和沉重感。一旦比较熟练地掌握了放松方法，就可在下列情况下使用。

第一，表象练习之前有助于集中注意力，使表象更为清晰、逼真、稳定。

第二，训练结束后或临睡前有助于消除疲劳，得到充分休息。

第三，比赛前过于紧张时有助于降低能量消耗，使唤醒水平处于最佳状态。

2. 表象训练

表象是一种不需外部刺激直接参与，在头脑中对人体的一切感觉（视觉、听觉、触觉、本体感觉等）经验再现或重构的心理过程。从表象产生的主要感觉通道来划分，表象可分视觉表象、动觉表象、听觉表象、味觉表象等。视觉表象是指视觉感受器感知过的客观事物在脑中重现的视觉形象。动觉表象是指动觉感受器感知过的肌肉动作重现在脑中的动作形象。

从表象中自己所处的视角，可以把表象分为内部表象和外部表象。内部表象是指用眼睛的后部体验表象情境，感受自我的操作活动。外部表象是指从旁观者角度看到表象的内容，看到自己外观上的变化。

表象训练又称"视觉化"训练、内心演练、意象演习或想象训练等，是指运动员有意识地在头脑中再现或完善某种运动动作或运动情境，从而提高运动技能、增强心理调控能力。表象训练是体育运动领域最为普遍的一种心理技能训练方法。通过表象训练能够调节运动员的情绪及生理唤醒水平，运动员在表象自己出色完成技术动作时，能够将其注意力集中到当前的任务上，有利于运动员建立正确的动力定型，加快动作技能的学习，从而增强运动员的自信心，进而出色地完成任务。

身体任何部位的肌肉出现紧张，都会影响表象的清晰性。因此，表象练习一般从放松练习开始。例如，先放松3分钟，再经过"活化"动员，便可开始表象练习。由于表象不如感知觉那样直观，没有实物的支持，人们很难长时间将注意力集中在表象上，因此表象的时间限制在3分钟之内较好，不宜过长。

3. 模拟训练

模拟训练是针对比赛中可能出现的情况或问题进行模拟实战的反复练习过程，目的是适应各种比赛条件，保证技术、战术在变化的情境中也能得到正常发挥。

模拟训练的核心思想是适应。所谓适应，是指个体为自身的生存和发展。在生理机能或心理结构上产生改变以便与环境保持平衡的过程。例如，不断进行裁判员错判的模拟训练，以降低对错判的过激反应，就是寻求与真实比赛情境保持平衡的过程。模拟训练的主要作用在于提高运动员对比赛应激情境的适应能力，在头脑中建立起合理的动力定型结构，以便使技术、战术在千变万化的特殊情况下得到正常发挥。如果不进行模拟训练，运动员对意外的超强度刺激没有做好相应的应答准备，比赛中就可能出现暂时联系的中断和自动化的消失，对这些超强度刺激产生不适应反应而造成比赛失常。

模拟训练可分为实景模拟和语言、图像模拟两类。实景模拟是设置竞赛的情境和条件对运动员进行训练，包括模拟对手可能采用的技战术，赛场上可能出现的意外情况，比赛的天气、场地、观众的行为等。语言图像的模拟是利用语言或图像描述比赛的情境，例如描述裁判员的误判、对手的行为和自己的行动，通过电影、录像及播放录音等来显示对手的特征和比赛的气氛等，以便使运动员形成对比赛情境的先期适应。模拟训练所包含的内容很广，应根据比赛的实际情况和运动员本人的特点来确定。

三　动机控制方法与手段

1. 目标定向

目标定向指一个人参加某一活动时所依据的成就目标倾向。它不是具体要达到的行为数量标准，而是内心追求的成就取向。成就目标走向是一个重要的动机变量，有任务定向和自我定向两种目标取向。

（1）任务定向目标。这是指以个人表现的提高为关注重点的目标，在完成一项任务的过程中，自我定向目标强调的重点是任务本身，人们对自己表现出的能力的知觉是以自己为参照，不同他人做比较。因此，可以预测，这种任务定向有助于培养和提高人的主观能力感。任务定向占优势的个体在行为过程中，注重于发展自己的能力，注意力主要集中在对任务的把握和理解上，把能力的提高和对任务的掌握程度作为成功的标准，失败被看作寻求解决问题的方法和达到特定目标的有效途径。

（2）自我定向目标。这是指以击败他人为关注重点的目标。在完成一项任务的过程中，自我定向目标强调的重点是超越他人，人们对自己表现出的能力的知觉是以他人为参照，是对"自己是否比别人强"这个问题所做的评估。因此，可以预测，这种自我定向更有可能使人们产生能力不足之感。自我定向占优势的个体在行为过程中，有向他人展示自己才能和智力的愿望，并极力回避那些可能失败或显示自己低能的情境，倾向于以参照群体来评价自己的成功。由于个体在运动时，并不是单一的目标定向，常常是两种目标定向的混合。所以有学者对目标定向的类型做进一步的划分，根据任务定向和自我定向两个维度，将目标定向分为四种类别，即高任务定向/高自我定向、高任务定向/低自我定向、低任务定向/高自我定向、低任务定向/低自我定向。

2. 不同目标定向对参加体育活动的影响

在体育运动中，目标定向可能是影响内部动机的重要因素。杜达和尼克尔斯曾做过一项以高中学生为测试对象的研究，采用《体育活动任务定向和自我定向调查表》来确定任务定向、自我定向和满足感、枯燥感、兴趣感之间的相关性。调查显示，任务定向与从事体育活动时的乐趣感有可靠的正相关，而与枯燥感呈负相关。威勒兰德等的一项实验室研究报告指出，如果让男孩从事一项竞争定向的活动而不是任务定向的活动，那么在以后可自由支配的时间内，他们花在该项任务上的时间就更少。这些研究表明，目标定向和体育运动中的动机过程、成就行为等之间存在交互影响的关系。

3. 目标设置

一个人的目标设置风格反映他的人格特征。由于人格特征是长期的和比较稳定的，不会随着情境的变化而发生太大的变化，因此，目标设置风格被称为目标定向。目标定向可分为任务目标定向和自我目标定向。

当运动员采取任务目标定向时，关心的是如何完成一件能提高个人能力的有意义的任务。完成任务的目的是提高能力，个体把努力看成是获得成功的基本要素，并通过努力来学习新技能。他们把成功定义为个人的进步，而不是与他人对比自己有多少优势，通过对任务的控制或个人技术改善的体验来提升他们的成功感和能力感。尼克尔斯（Nicholls，1984）提出，一个任务目标定向的运动员强调努力，会选择具有挑战性的任务，不畏困难，在成就情境中自信心增强并能够发挥技术水平，而且这种定向的运动员重视活动的过程。而当运动员采取自我目标定向时，他们所关心的是自己在一个具体任务中有怎样的优势，主要兴趣是表现自己的能力，打败别人，取得超过他人的成绩，或者用很少的努力来获得成功。主观上的成功会使他们感到自己的能力已是超人一等，同时他们会感到少花力气就会产生成功的感觉。他们的评价标准是社会常模，即只有当他们被其他人评价为同一群体中的成绩突出者时，才会感到成功和满意（季浏，2006）。当他们被认为不如其他人时，就会体验到失败。因此，当他们预见自己能力不足时，就会感到焦虑，以至于回避任务，或者表现出较低的努力程度，以此作为失败的借口。一个运动员的自我任务定向的努力程度降低，便会对运动缺乏兴趣，对自己的能力表示怀疑，当失败反复发生时甚至会退出运动生涯。有这种定向的运动员重视活动的结果。

第二节　赛前心理调节

一　运动员参赛的角色定位

运动员参赛的角色定位（Role Positioning）是指运动员在赛前、赛中和赛后对自己、全队和对手的基本认识，它不仅直接影响到运动员对比赛自我表现正常与否的判断，而且进一步影响到运动员的自信心和应变能力，运动员参赛时合理的角色定位是比赛心理调节的重要基础和保障。

1. 理性定位

赛场上没有绝对的强者，以弱胜强的事例很多，因此，无论比赛的对手是谁，赛前都应该对自己或全队的参赛角色进行理性的定位，绝不能轻敌，争取每一次机会，以"夺、冲、追"的精神打好每一场比赛。

2. 过程定位

对于赛前的角色定位，心理学家一直提倡运动员要关注比赛的过程，而不是结果，运动员赛前应该专注于比赛过程中的技战术，并对这些通过自己的努力就可以控制的因素坚定必胜的信心，这样才会有利于水平的发挥。

3. 自我重新定位

比赛即是一种博弈，天时、地利、人和等诸多因素均可以左右比赛的胜负，因此，曾经的胜负只代表过去，胜不骄、败不馁才是强者的优秀品质。在连续性的比赛中，为了防止运动员对自我形象的无意识夸大或降低，一场比赛之后，球队或运动员均应对自我和全队进行重新定位，如胜者寻找缺点，而负者则应寻找优点。

二　赛前的状态调整

俗话说"赛场如战场"，任何形式的比赛对个体来说都不亚于一场战役，所以运动员应根据环境和个体的实际情况调整自己的心理状态，使其处于最佳水平，保持适宜的紧张情绪，这不仅有助于运动员保持良好的竞技状态，而且有利于运动员在赛中充分地发挥技战术水平（苏煜、尹博，2010）。运动员赛前情绪的过分紧张和思想松懈都会形成不良的竞技状态，甚至会导致水平的发挥失常。

1. 情景模拟

为了提高对比赛的适应能力，赛前要针对对手的情况进行模拟训练，也可以采用落后比分、以小打大、以弱打强以及女队打男队等模拟训练方式来创造不同的比赛情景。这有利于运动员提前适应比赛的环境，做好充分的心理准备，并能将良好的状态带入比赛中，提高心理的稳定性和技战术发挥的水平。

2. 情志转移

情志转移是一种通过转移注意力来控制情绪的方法。比赛前的紧张是每一个运动员所面临的实际问题，比赛越重要，紧张感就越强。当赛前感到过度紧张时，可有意识地强迫自己把注意力转移到其他事务上，这是缓解过度紧张的有效方法（如打牌、看电影、逛街、听音乐等）。

3. 表象调节

表象调节是一种通过表象来调节情绪和行为的方法，当比赛开始前，运动员通过回忆在头脑中清晰地重现成功时的表现、体验当时的情绪状态和感觉，就会进一步树立成功的信心、缓解紧张的状态、提高动作效果。

4. 语言暗示

语言暗示是调节赛前状态最简单和有效的方法，当赛前过于紧张时，可以在心中默念："放松！我能行，我不紧张……"如此便会使自己保持镇静和放松；而当赛前过于放松，紧张不起来时，可以在心中默念："我是比赛的主人，我是强者，我要去战斗……"通过这些积极性的语言暗示，运动员就会进一步调动自己的比赛激情。

5. 音乐调节

音乐调节是指通过音乐来控制情绪的方法，心理学家的研究表明，音乐是对人的情感影响最大的刺激因素，它具有很强的感染力。人们通过听觉直接触动自己的感情中枢，调节和稳定自己的情绪。赛前的应激状况对不同个体会产生不同的影响，当过于紧张和亢奋时，悠扬舒缓的音乐会有助于精神的放松和心情的平静；而当过于沉闷和消极时，激情振奋的音乐会有助于精神的兴奋和情绪的振奋。

6. 活动调节

赛前的身体活动不仅有利于身体的各项生理指标快速达到比赛的状态，而且有利于个体的情绪调节和心理调整。大脑和肌肉的信息传导是双向的，当肌肉活动积极时，从肌肉传递到大脑的冲动信息就多，大脑的兴奋水平就高，情绪就会高涨。反之，肌肉越放松，大脑的兴奋性和情绪就会越低。因此，采用不同速度、强度、节奏和幅度的动作练习可以调节运动员赛前的心理状态，强度小、幅度大、速度和节奏慢的动作练习可以降低情绪的兴奋性，消除过度紧张的状态。反之，则会提高情绪的兴奋性。

7. 激化调节

激化调节就是通过外部刺激来激发运动员情绪和行为的方法，也就是我们通常所说的"激将法"。激化调节的方法要因人因事而行，不能一概而论。如对于某些有经验的运动员，其已经充分地做好了比赛准备，就不需要再进行激化调节；而对于那些怯场的运动员来说，就需要激化调节。当教练员发现运动员没有明白或重视自己的问题时，就可以采用"激将法"来激励对方，但要慎用伤害对方自尊心的语言。运动员也可以采用自我激励的方法，如高喊或默念激励自己的语言，或用力拍掌等。

8. 饮食调节

饮食调节就是指通过饮食来控制和调节情绪的方法。食物可以影响人的情绪和行为方式，因此，运动员在赛前应注意合理的饮食，如食用碳水化合物可起到镇静作用，而约 42 克的碳水化合物便足以产生镇静作用；饮用过量酒精就会降低人体对抗应激的能力；过量的咖啡亦会引起情绪波动，从而产生抑郁、烦躁的情绪。

9. 制订比赛方案

比赛方案是教练员和运动员根据比赛目标而为比赛进程制订的详细计划。制订比赛方案是赛前心理准备的重要内容，也是最具有可操作性的工作之一。其目的是提高运动员应对各种重要情况和突发情况的能力，做到有备无患。运动员在赛前制订的比赛方案应当是全方位的，重点是技战术准备，同时也应包括衣食住行和各种意外情况发生等的准备，并针对各种问题和情况制定相应的具体对策，以做好充分的心理准备。

附录　飞盘运动比赛规则

附录1　WFDF 极限飞盘比赛规则2007年版

极限飞盘是一项两队各七名队员共同使用同一张飞盘的体育运动。其比赛场地为两端各有一个得分区的长方形，差不多有半个足球场那么大。在比赛中，每个队的目标就是让本队的一名队员在攻击得分区里接住飞盘，取得一分。持盘者是不允许拿着飞盘跑动的，但是可以向任何方向传出飞盘。如果传盘没有完成那么交换攻守方，此时对方就有机会控制飞盘攻击本队的防守得分区。一般一场赛比到17分需要差不多100分钟。极限飞盘是自判的而且没有身体接触的运动。"极限飞盘的精神"就是让参赛者如何在场地上自判比赛而且彼此互相尊重。

1. "极限飞盘的精神"

1.1　极限飞盘是一个没有身体接触、自我判罚的体育运动。每个参赛的队员都有责任管理和遵守规矩。极限飞盘依靠一个"极限飞盘精神"来让每个队员自觉、公正、公平地进行比赛。

1.2　相信没有选手会故意犯规不遵守规则，所以对于犯规行为没有过于严厉的处罚，但是还是会使用一个让比赛继续进行的办法，就像原来没有发生犯规情况。

1.3　比赛队员在两个队中出现矛盾时要做到公正，因为他们都是场上的裁判。所以这种情况下队员需要：

1.3.1 熟悉规则；

1.3.2 公平和客观；

1.3.3 诚实；

1.3.4 使用文明的话语。

1.4 高竞技水准激烈的比赛是鼓励进行的，但是绝不能无视双方队员之间的相互尊重，或是破坏固定比赛规则与比赛最基本的乐趣。

1.5 下列表现属于好"精神"：

1.5.1 当队友给出了一个错误的或是不必要的示意，或是出现了犯规或违例行为时，应当立刻给他以提醒。

1.5.2 当对手有上好表现时，也应该给予鼓励赞扬；

1.5.3 向对手自我介绍；

1.5.4 当遇到矛盾时，千万不要生气或着急，要保持冷静。

1.6 以下列出的都是很明显违反"极限飞盘精神"的行为，因此所有的队员都必须加以避免：

1.6.1 危险和幅度过大的行为；

1.6.2 故意犯规或违例行为；

1.6.3 嘲笑或者欺负对方队员；

1.6.4 误导对方的选手将飞盘传给你。

1.7 每个队伍都须保护"极限飞盘精神"，并且做到：

1.7.1 有责任教授本队队员比赛的规则和良好竞技精神；

1.7.2 给予那些较差竞技精神的队员以惩罚；

1.7.3 给予其他队伍以客观的建议，使他们知道如何提高自身的竞技精神。

1.8 如果有新手不了解规则而犯规，有经验的队员就有责任向他们解答所违反的规则。

1.9 有经验的队员可以观察新手或者年轻选手的比赛，然后主动地教授他们一些规则和提供在场上比赛的建议。

1.10 在比赛中，比赛规则由参赛队员直接执行，或者是拥有最佳视觉角度的队员来执行。除了队长以外，不在场上的队员应该避免参与讨论。如果解决不了矛盾，应该把飞盘交还给前一个无争议的传盘队员。

2. 比赛规则的变化

2.1 为了适应一些特殊比赛的需要，根据参赛队员的数量，年龄以及场地的不同，规则中的一些基本条款也会有相应的变化。

2.2 在练习赛或是其他一些非正式的飞盘比赛没有必要划定比赛场地的边界。

3. 比赛场地

3.1 比赛场地（Field of Play）为一百米（100m）长和三十七米（37m）宽的长方形场地（见图附1-1）。

3.2 比赛场地周围是边界线（Perimeter Line），由两（2）条与比赛场地等长的边线（Sideline）和两（2）条与比赛场地等宽的底线（End Line）组成。

3.2.1 场上所有的分界线的宽度应该在七十五毫米（75mm）至一百二十毫米（120mm）。

3.3 比赛场地可以分为中间的正式比赛场地（Playing Field Proper），有六十四米（64m）长和三十七米（37m）宽，两个得分区（End Zones）在正式比赛场地的两端，有十八米（18m）长和三十七米（37m）宽。

3.4 两条得分线（Goal Line）划分了正式比赛场地和两个得分区，但是得分线属于正式比赛场地。

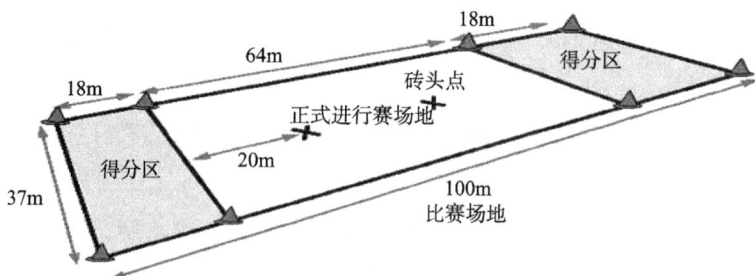

图附1-1

3.5 标点（Brick Mark）是两（2）条一米（1m）长线交叉所形成的点。其位置在正式比赛场地中，离两条得分线的中点二十米（20m）远的地方。

3.6 使用八个颜色鲜艳、质地柔软的物体（例如塑料角标）来标示正式比赛场地和得分区的边角。

4. 比赛装备

4.1 允许使用任何一种经过 WFDF（World Flying Disc Federation，国际飞盘联合协会）批准的飞盘。

4.2 每一位上场队员都必须穿着能够区分于其他队伍的队服。

4.3 比赛人员不允许穿着或者戴有可能会造成其他队员伤害的物件（例如手表、搭扣、有长或者尖钉子的鞋、凸出的首饰）。

5. 全场比赛的时间

5.1 当比赛两队中有任意一队首先取得十七（17）分时，那么比赛就算结束。第一个得到十七（17）分的队伍获胜。

5.2 一场比赛可分为上下两（2）节，即所谓上半场和下半场。当一队取得九（9）分的时候就开始中场休息。

5.3 每一半场都由若干个回合组成的。

5.4 每半场的开始比第一盘的时候就是半场比赛开始的时间。

5.5 当一个队伍取得一分以后，这一回合就算结束了。

5.6 当取得一分以后，比赛还没结束也没到中场休息时间：

5.6.1 立刻开始下一个回合的比赛；

5.6.2 两个队伍交换他们防守得分区；

5.6.3 由得分的队伍发盘。

6. 参赛队伍

6.1 每一回合，每个队必须有至少五（5）名队员上场，但是不能多于七（7）名队员在场上。

6.2 只有在得一分之后和发盘之前的时间，个别队可以随便（无数次）换上的队员，除非有选手受伤。

7. 开始进行比赛

7.1 双方队长通过公平的方式决定哪一队先选择：

7.1.1 先发盘还是先接发的盘；

7.1.2 防护哪一边的得分区。

7.2 剩下的选择就由另一个队来决定。

7.3 在下半场开始时，7.1.1/7.1.2 颠倒过来。

8. 发盘

8.1 当全场比赛开始的时候，下半场比赛开始的时候，或者得分之后，使用发盘来进行下一个回合。

8.2 由一名防守队员发盘开始比赛。

8.3 发盘时，所有的防守队员都必须完全在自己的防守得分区里面。

8.4 进攻队员必须有一个脚站在他们防守得分区里面，而且不允许交换相互之间站位。

8.5 进攻队中至少要有一名队员将手举过头顶示意其队伍已经准备就绪。

8.6 在发盘后，所有的队员可以在场内自由移动。

8.7 发盘后，在进攻队碰到飞盘或者飞盘落地之前，不允许防守队员碰飞盘

8.8 无论在界内还是界外，如果一名进攻队员在飞盘落地之前碰到飞盘但是没有接住，判为失误。

8.9 若飞盘在落地后没有出界，或者在界内被接住，那么从飞盘停止的位置起盘。

8.10 若飞盘在落地后出界了（例如滚动出界）且没有进攻队员碰到，由一名进攻队员在正式比赛场地中距离出界点最近的位置起盘。

8.11 若飞盘在碰到一名进攻队员后出界，或一名进攻队员在界外接到飞盘，则在比赛场中离飞盘出界地点最近的位置起盘。

8.12　若飞盘落在界外没有碰到比赛场地或进攻队员，进攻队可以在拿起飞盘之前决定从哪里起盘。

8.12.1　如果有一位队员提出"Middle"（中间）的请求，那么就从他们的防守砖头点，或者正式比赛场地正中间距离飞盘越过边界线那点最近的位置开始起盘，就看哪一点距离进攻得分区更近一些。要是给出中间的信号，就需要捡起飞盘的队员碰触飞盘之前伸直一只手，大声喊出"Brick"（砖头）或者"Middle"（中间）。

8.12.2　如果没有队员给出中间的信号，发盘者就应该在正式比赛场地上距离飞盘越过边界线那点最近的位置起盘。

9. 起盘

9.1　起盘的意思是拥有控盘权的进攻队员在比赛场地上指定的地方确定一个轴心（一般用脚）。

9.2　如果不需要验盘（Check），可以立刻起盘。

9.3　发盘或者出现失误以后，进攻队中接到飞盘的队员或是第一个确定持盘权的人必须起盘。

9.4　飞盘落地以后，任何一个在场上比赛的队员都可以争取停下一个正在滑动的或滚动的飞盘。

9.5　如果有队员尝试停下飞盘的时候，使飞盘往前移动，无论方向如何，对方都可以把飞盘带回到队员与飞盘接触的位置。如果发盘者在重置飞盘之前捡起飞盘，就需要验盘后才能继续起盘。

9.6　出现失误以后，拥有飞盘的队伍得要尽快起盘，不要延误。起盘的进攻队员得至少用走路或更快的速度往飞盘的位置移动，然后向轴心的位置移动。

10. 延时计数（Stall Count）

10.1　防盘者可以面对掷盘者延时计数。先示意"Stalling"（延时）然后从数字一（1）数到数字十（10）。计数时每一个数字之间要等至少一秒钟。

10.2　延时计数要说得足够清楚以保证掷盘者听得见。

10.3　防盘者得要在掷盘者的三米（3m）以内才允许开始延时计数。

10.4　防盘者必须在掷盘者的三米（3m）以内而且所有的防守队员的站位都没有犯规（条款16.3）的时候才允许继续延时计数。

10.5　如果延时计数的防盘者距离掷盘者的距离超过三米（3m），或者另一个队员成为防盘者，延时计数就得从数字一（1）重新开始。

10.6　重新开始延时计数时，最多从数字"n"开始，数字"n"作为一（1）和九（9）之间的一个数字。意思就是示意"延时"（Stalling），然后从停顿之前说出的数字加一的数字开始，如果那个数字加一（1）以后比"n"大，那就以"n"开始。

11.　验盘

11.1　比赛中要是有暂停、犯规、违例、矛盾、安全停顿，或者受伤停顿等情形，得先验盘才能继续比赛。

11.2　除了暂停的时候，所有的队员应该回到他们发生引起停顿事件时所在的位置，然后在那里等待直到比赛继续。

11.3　如果引起停顿的事件发生的时候，飞盘正在空中，飞盘将退还给前一个掷盘者，并从他那里继续进行比赛。所有的队员应该回到投掷飞盘时他们所站的位置。

11.4　任何一位队员都可以延长一个停顿来解决关于装备问题（如系鞋带或者把飞盘整平），但是没有停顿的时候不能为了解决这些问题而停止或暂停比赛。

11.5　进攻批准以后，距离掷盘者最近的防守队员通过拍一下飞盘并喊道"开盘"（Disc In）来继续进行比赛。

11.6　如果最近的防守队员够不到掷盘者那里，通过最近的防守队员的批准，掷盘者可以在地上拍一下飞盘，然后宣布"开盘"（Disc In）来继续进行比赛。

11.7　如果没有一个进攻队员拥有持盘权，那么最近的防守队员会通过最近的进攻队员的批准，并高声示意"开盘"（Disc In）然后继续进行比赛。

11.8　如果掷盘者验盘之前就进行传盘，或者有人示意违反条款 11.2，无论传盘是否成功都将视为无效，并且飞盘将退还给前一个掷盘者。

12. 界外

12.1　整个比赛场地都算是界内。边界线不算作比赛场地的一部分因此属于界外。同时所有不在场上的队员也都视为是界外的一部分。

12.2　界外区域包括不是界内地区和所接触界外的人和物，除了防守队员。防守队员永远视为在"界内"，因为他们有机会在界外夺取盘。

12.3　一个没有在界外的进攻队员就算是在界内。正在空中的队员会一直保持他界内/界外的状况，直到他接触比赛场地或者界外区域为止。以下情况例外：

12.3.1　如果一个队员的惯性促使他在界内接住了飞盘以后接触到界外区域，那么该队员仍被视为在界内。那位队员将在比赛场地上，距离他最初越过边界线的位置最近的地方起盘。

12.3.2　掷盘者已经在界内确定了轴心之后触碰到界外区域。

12.3.3　队员之间的身体接触不能够改变他们界内或界外状态。

12.4　起盘或者重新开始比赛的时候，飞盘就视为在界内。

12.5　当一个飞盘接触到界外地面或者一位界外的进攻队员的时候，飞盘就算出界。进攻队员拿住飞盘的时候，飞盘在界内/界外状况就和进攻队员的一样。如果有两位进攻队员同时拿住飞盘，然而有一位队员在界外，那么飞盘也算是在界外。

12.6　飞盘可以在空中飞出边界线然后回到场地中。队员也允许到界外争夺飞盘。

12.7　飞盘出界后比赛继续进行的方式是有一位得到控盘权的队员必须将飞盘带到正式比赛场地上距离以下列出的最后事件发生地点最近的位置起盘：

12.7.1　飞盘完全越过边界线；

12.7.2　飞盘接触到了一位界内队员；

12.7.3 当飞盘还有一部分在边界线里时，跟界外地区或队员接触而导致出界了。

13. 接盘手和站位

13.1 一位队员"接住"飞盘就意味着他控制住一个不再旋转的飞盘。

13.2 如果队员由于跟地面接触或是与一位站位合理的对方队员有身体接触而导致丢失飞盘，视为没接住飞盘。

13.3 以下列出的情形称为失误，判为没接住飞盘：

13.3.1 一位进攻队接盘手在界外触碰到飞盘；

13.3.2 接到飞盘之后，进攻队接盘手最先触地的身体部位在界外且他拿住了飞盘。

13.4 队员接住飞盘之后，即成为掷盘者。

13.5 如果进攻队和防守队员同时接住飞盘，进攻队员保有控盘权。

13.6 在没有争盘时一名落位正确的队员，没有为了阻挡其他的队员而移动，是允许站在其位置上的，且对方队员不得与他有身体接触。

13.7 每个队员都有权利站在一个没有被对方队员占据的位置上，前提是他们取得站位时没有与其他队员发生身体接触。

13.8 飞盘在空中的时候，所有的队员必须争取避免跟别的队员有身体接触，任何情况下都不得跟他人有身体接触。"争抢飞盘"不是一个允许与其他队员发生身体接触的合理原因。

13.9 在不影响到争盘结果和队员安全的前提下，有两个或者更多队员同时向一个地点移动时发生的一点无意性的身体接触是允许的。无意性身体接触不能称之为犯规行为，但仍应该尽量避免。

13.10 垂直空间原则

13.10.1 所有的队员都有权使用他们头顶以上的空间。对方不允许妨碍、侵占另一位队员头顶以上的空间。

13.10.2 一位起跳的队员有权不受其他队员的阻碍而落地，即为在起跳时候没有对方队员占据起跳点上空和落地式所需空间。

13.11 不允许队员帮助其他队员移动。

14. 失误

14.1 失误将导致攻防双方转换。以下列出的情形在比赛中都判作为失误：

14.1.1 飞盘没有被进攻队员拿住，接触到了地面；

14.1.2 飞盘由一位进攻队员传给另一位进攻队员（两个队员交换了控制盘的人，但飞盘没有完全在空中传输）；

14.1.3 掷盘者故意从另一位队员身上把飞盘反弹回给自己作为传盘。

14.1.4 在传盘过程中，掷盘者把飞盘扔出手后在别的队员触盘之前再次碰到飞盘；

14.1.5 传的飞盘被一位防守队员接住（截盘了）；

14.1.6 飞盘状态变为出界；

14.1.7 当延时计数开始发出数字"Ten"（十）这个字的声音的时候，掷盘者还没有把飞盘扔出手；

14.1.8 当一队没有暂停时，掷盘者示意暂停；

14.1.9 队员对进攻接盘犯规的示意无异议（条款16.6）；

14.1.10 发盘时，进攻的队员在飞盘跟地接触之前触盘，却没能接住飞盘。

14.2 如果不清楚是否出现失误的话，应当由最好视野的队员（或队员们）赶紧做出决定。如果有哪一队觉得有争议可以示意"Contest"（不符），然后：

14.2.1 飞盘将退还给前一个掷盘者；

14.2.2 延时计数将继续，最多从数字九（9）开始。

14.3 若掷盘者在防盘者示意延时计数完成以后宣布"Fast Count"（计数过快），算是反对失误，根据条款14.2比赛继续进行。

14.4 若掷盘者在延时计数完成之后扔出飞盘，传盘没有成功，将应用"比赛继续的规定"示意"Play-on"（比赛继续）。

14.5 出现失误之后，失误的位置为：

14.5.1 飞盘停下的位置或被进攻队员捡起来的位置；

14.5.2　截盘队员停下的位置；

14.5.3　掷盘者的站位，根据条款 14.1.2、14.1.3、14.1.4、14.1.7、14.1.8 中的情况；

14.5.4　对犯规无异议的话，失误的位置即为进攻接盘犯规发生的地方。

14.6　若失误的位置在正式比赛场地内，从失误的位置起盘。

14.7　若失误的位置在进攻的攻击得分区里面，那就在得分线上距离失误位置最近的地方起盘。

14.8　若失误的位置在进攻方的防守得分区里面，取得控盘权的队员可以选择从以下几个位置起盘：

14.8.1.1　在失误的位置，只需要队员站在失误的位置做一个传盘的假动作；

14.2.1.2　在得分线上离失误的位置最近的地方，只需要队员从失误的位置开始走动。

14.8.1.3　立刻移动或是不做动作都会决定起盘的位置，随后将不能改变。

14.9　若失误的位置在界外，飞盘会根据条款 12.7 的规定起盘。

15.　得分

15.1　若一位在界内的队员接住了一个正规的传盘，同时在他接住飞盘后最先着地的部分完全在所属队伍的攻击得分区里（注意条款 13.1、13.2），该队得一分。

15.2　若一名拥有飞盘的队员完全在攻击得分线后面却没有根据条款 15.1 而取得一分，那么该队员应该将飞盘带到得分线上距离自己所站的地方最近的位置起盘。

15.3　一旦接住飞盘后第一个接触的区域为得分区，那么此时就算是得分。

16.　犯规（Fouls）

16.1　概述：

16.1.1　两位或更多的对方队员有违规的身体接触即被判为犯规。当一名选手拿住飞盘时，飞盘即被看作为该选手身体的一部分。只有犯规动作的受害者才能声称犯规，并需要高声喊出"犯规"（Foul）。

16.1.2　若"比赛继续的规定"（条款 18）不生效时，示意"犯规"（Foul）后，比赛要暂停。

16.1.3　若被示意犯规的一方对犯规行为表示异议，他们可以示意"不符"（Contest）。

16.2　防守扔盘（防盘者）犯规

16.2.1　防盘者的违规站位（条款 17.3），然后与掷盘者有直接身体接触；

16.2.2　防盘者主动跟掷盘者有直接身体接触，或者在飞盘出手之前防盘者身体的任何一部分在移动中跟掷盘者有身体接触。

16.3　进攻扔盘（掷盘者）犯规

16.3.1　掷盘者主动跟一个正常站位的防盘者有直接身体接触。

16.4　掷盘者在扔盘后的顺势动作很有可能会造成意外身体接触，这可能不够判为犯规，但是仍应该争取避免。

16.5　防守接盘（防守者）犯规：

16.5.1　防守者的违规站位（条款 13），然后与接盘者有直接的身体接触；

16.5.2　防守者在接盘者尝试接盘的时候或之前主动与他有直接的身体接触。

16.5.3　若接盘者在空中抓住了飞盘，然后落地以前受到防守人员的犯规，然后产生了下列一些情况的判为一个"Force-out"（受迫性出界）犯规：

16.5.3.1　本应在界内落地却在界外落地；

16.5.3.2　本应在得分区里落地却在正式比赛场地落地；

16.5.3.3　解决受迫性出界犯规的方法：

16.5.3.3.1　若选手本来会在得分区里面落地，那么算得一分。

16.5.3.3.2　若有人对受迫性出界犯规提出异议，那么如果接盘手在界外落地了，飞盘将退还给前一个掷盘者，否则飞盘将继续由接盘手保留。

16.5.3.4 若犯规促使接盘手未能接住飞盘，而后有人对犯规有异议，那么飞盘将退还给前一个掷盘者。

16.5.4 若一名防守队员使一名拥有盘的接盘手或者掷盘手丢失对飞盘的控制，这一防守犯规属于"Strip"（剥盘）犯规。

16.5.4.1 若发生这样的犯规行为，然而原本接住飞盘就会取得一分的情况，若对方不反对犯规，就算是得了一分。

16.5.5 防守接盘犯规之后：

16.5.5.1 若在正式比赛场地或者防守得分区里面，接盘手在犯规发生的位置得到持盘权；

16.5.5.2 若在攻击得分区里面，接盘手在得分线上离犯规发生点最近的位置得到持盘权，然后犯规的选手须从那里开始继续防守；

16.5.5.3 若有人有异议，飞盘将还给前一个掷盘者。

16.6 进攻接盘犯规

16.6.1 接盘手主动跟一个正确站位（条款13）的防守队员有直接身体接触属于犯规。

16.6.2 若有人有异议，然后没有继续比赛，飞盘将退还给前一个掷盘者。

16.6.3 若没人有异议，那么飞盘将在犯规发生的地方，交换攻防。

16.7 双方犯规

16.7.1 若进攻队员和防守队员同时在争盘时宣布"Foul"（犯规），飞盘将退还到前一个掷盘者拥有飞盘时所在的位置。

16.8 延时计数

16.8.1 防守犯规然后比赛暂停后：

16.8.1.1 若没人反对，延时计数返回到数字一（1）重新开始；

16.8.1.2 若有人反对，任何延时计数都将继续，最多从数字六（6）开始。

16.8.2 进攻犯规然后比赛暂停之后，无论是否有异议，任何延时计数都将继续，最多从数字九（9）开始。

16.8.3 双方犯规之后，任何延时计数继续，最多从数字九（9）开始。

17. 违例（Violations）

17.1 概述

17.1.1 若有人违反了规则但是选手之间没有发生身体接触即被判为违例。任何一位对方的队员都可以宣称出现违例情况，大声喊出具体违反的规则名称或者"Violation"（违例）。

17.1.2 若"比赛继续的规定"不起效力，同时这次延时计数已不是第一次发生了防守犯规，比赛在宣称违例以后暂停。

17.1.3 若违反规则的队反对他们宣布的违例，他们可以宣称"不符"（Contest）。如果违规队员或队伍对提出的任何一种示意都不同意，就算是"反对违例"（Contested）。

17.2 走步违例（Travel）

17.2.1 以下列出的情形为走步违例：

17.2.1.1 掷盘者没有在比赛场地上正确的位置起盘；

17.2.1.2 掷盘者确定下的中心脚没有保持跟轴心点的接触；

17.2.1.3 接盘手接住飞盘以后没有以最快的速度停下或者改变了移动方向；

17.2.1.4 接盘手在接盘后还没有完全站稳，走了三步或者走到第三步的时候传盘出手（在选手接住飞盘时与地面的接触就算是第一步）；

17.2.1.5 接盘手故意漏接或者延长接盘时间为了让自己移动，无论移动方向如何。

17.2.2 在没有异议的走步违例之后，飞盘将退还给掷盘者然后延时计数继续，最多从数字九（9）开始。

17.2.3 在一个有争议的走步违例之后，飞盘将退还给掷盘者然后延时计数继续，最多从数字六（6）开始。

17.2.4 走步违例之后，起盘的位置便是假设没有发生走步违例轴心所应该在的地方。

17.3 防盘者违例

17.3.1 防盘者违例包括以下内容：

17.3.1.1 "跨越轴心"（Straddle）——防盘者的两个脚之间的直线横跨过掷盘者的轴心点。

17.3.1.2 "飞盘间距"（Disc Space）——防盘者主动靠近掷盘者，使他们上身之间的距离不够放下一个飞盘。

17.3.1.3 "包夹限制"（Wrapping）——防盘者用他的手臂来阻碍掷盘者在轴心上往任何方向的动作。

17.3.1.4 "计数过快"（Fast Count）——防盘者做了以下列出的一件事：

17.3.1.4.1 计数时，每一个数字比一秒钟更短；

17.3.1.4.2 第一次宣布防盘者的任何违例情形以后从延时计数减去二（2）秒；

17.3.1.4.3 在进攻队员拥有飞盘和定下轴心之前开始延时计数；

17.3.1.4.4 开始延时计数之前没有先喊出"延时"（Stalling）。

17.3.1.5 "双重防守"（Double Team）——不止一位防守队员在掷盘者轴心三（3）米以内，同时也没有别的进攻队员在以上提到的防守队员的三（3）米区域内。

17.3.1.6 "视野"（Vision）——防盘者故意用身体的任何一部分去阻挡掷盘者的视野。

17.3.2 防守队员可以反对宣称防盘者违例，于是比赛暂停。

17.3.3 第一次宣布防盘者违例，同时也没有人反对，那么比赛不暂停。防盘者必须从延时计数中减二（2）秒继续计数。当第一次宣称防盘者违例时，一位正在进行延时计数时的防盘者可以立即从拖延数减少一（1）秒然后继续进行延时计数。这方法的效果就相当于从延时计数中减去二（2）秒［例如，"延时（Stalling）1，2，3，4，3，4，5，6……"如果在第四（4th）次延时计数宣布了防盘者违例］。

17.3.4 防盘者在改变违规站位之前不可以重新开始延时计数。否则算是防盘者违例。

17.3.5 同一延时计数中要是又有防盘者违例，比赛暂停，如果没有争议，延时计数重新开始，数字返回到数字一（1）验盘以后继续进行比赛。

17.3.6　若有队员对任何所宣称的防盘者违例有异议，延时计数将继续，最多从数字六（6）开始。

17.4　阻挡违例（Pick）

17.4.1　若一个防守队员在他正在防守的进攻队员的五米（5m）范围内，有任何另一位队员阻碍防守队员往进攻队员的直行行动，防守队员可以宣称"阻挡"（Pick）。如果"比赛继续的规定"（条款18）不起效力，比赛要暂停。

17.4.2　一旦比赛暂停，被阻碍的队员可以移动到假使没被阻挡他将会站立的位置。飞盘将退还给前一个掷盘者（如果飞盘已经掷出），然后延时计数将继续，最多从数字九（9）开始。

18.　"比赛继续的规定"

18.1　若飞盘正在空中或者掷盘者正在做扔盘动作过程中发生了犯规或者违例行为，比赛将继续进行直到确定哪方拥有了控盘权为止。

18.2　若是掷盘者犯规或违例了（如走步或掷盘者的进攻犯规），掷盘者在提出犯规或违例之后尝试传盘，比赛将继续进行到知道哪方拥有了控盘权为止。

18.3　若提出犯规或者违例的队伍在传盘结束得到或保持控盘权，比赛将继续进行没有停顿。明白这个情况的队员应该立即示意"继续"（Play On），表示这规定有效。

18.4　若提出犯规或者违例的队伍在传盘结束没有得到或失去控盘权，比赛要暂停，然后飞盘将退还给前一个掷盘者，再验盘开始。

18.5　若提出犯规或违例的队伍认为犯规或违例不会影响到比赛，他们应当取消提出犯规或违例，并弥补因犯规或违例所产生的站位上的不利条件，然后验盘继续进行比赛。

19.　暂停

19.1　提出暂停请求的队员必须做出手势"T"，或者一只手拿着飞盘，然后大声喊出"暂停"（Time-out）使对方队员也能听到。

19.2　暂停的时间为两（2）分钟。

19.3　在得分之后和发盘之前的时间，任何队伍都可以提出暂停请求。在暂停结束之后，通过发盘开始比赛。

19.4　回合进行时只有一位定下轴心的掷盘者允许提出暂停请求。在此类暂停中：

19.4.1　不许替换队员，除非有人受伤。

19.4.2　飞盘将从在前的轴心位置起盘。

19.4.3　掷盘者不许更换。

19.4.4　随后除掷盘者以外所有的进攻队员可以在比赛场地上任何一个位置站位。

19.4.5　一旦进攻队员选好站位以后，防守队员可以在比赛场地上任何一个位置站位。

19.4.6　延时计数不变，除非更换了防盘者。

20.　　回合停顿

20.1　受伤停顿

20.1.1　对于受伤停顿，由受伤的队员提出"Injury"（受伤）请求，或者在是受伤的队员不能够立刻提出受伤请求时由他的一个队友代劳。队员受伤后应立即提出请求。

20.1.2　若哪个队员有个破损或者流血伤口，必须提出受伤暂停，然后替换此队员。此队员在伤口清洗干净之前不准再参与比赛。

20.1.3　若受伤但没有犯规（无论是否有争议），受伤那位队员要被替换下场，除非那位队员选择留在场上。

20.1.4　若受伤的队员下场了，对方可以选择替换一位队员。

20.1.5　若受伤的队员接住了飞盘，然后因为受伤掉落飞盘，那么该队员依旧拥有持盘权。

20.1.6　由于受伤停顿换上场的队员将保持他所代替选手的所有状况（站位、持盘权、延时计数等）。

20.2　专属停顿（Technical）

20.2.1 任何一位注意到对其他的队员有危险的现象的队员可以提出"Technical"（专属）请求。

20.2.2 比赛进行时，掷盘者可以提出专属停顿来更换一个裂的、破的、有洞的或折坏的飞盘；变形、潮湿或脏的飞盘不能更换。

20.3 若请求停顿时，飞盘正在空中，比赛继续进行到知道哪方拥有控盘权为止：

20.3.1 若受伤或者安全问题没有影响到比赛的进行，那么就从已经发生的结果开始继续进行比赛；

20.3.2 若受伤或者安全问题影响到了比赛的进行，那么飞盘将退还给前一个掷盘者，延时计数将继续，最多从数字九（9）开始。

20.4 在有时间限制的比赛中，停顿时也要停表。

附录2 1998飞盘高尔夫PDGA官方规则

索引

801 选手行为

801.01 礼仪

A. 选手在投掷前必须先确定所投掷的飞盘不会干扰其他选手，并且不会伤及其他人员；选手也应该注意同组其他选手投掷，并协助其找出落停点；确定所有选手遵守比赛规则。

B. 选手须注意不要制造干扰的噪音或任何意图影响其他选手投掷的视觉干扰。干扰的行为，例如大声喊叫、玩花式动作、拍打场地设备、不依顺序投掷、甩或踢飞盘袋、盘道上抢先别人的投掷顺序。适时警告危险情况或飞盘将打到别人的叫喊并不违反礼仪规定。

C. 拒绝依规定比赛行为，例如拒绝协助寻找遗失飞盘、移动飞盘或设备、不公平登录成绩等，都是违反礼仪。

D. 乱丢垃圾也是违反礼仪。

E. 抽烟选手不可影响其他选手，抽烟者若影响他人时应熄灭香烟，并将烟蒂带至垃圾桶；乱丢烟蒂视同乱丢垃圾。

F. 任何违反礼仪规定的选手，除可由被影响的选手警告之外，即使其他组选手、裁判、工作人员及同组选手均可警告。当违反规定选手再次违反时，加罚一盘；同一回合再犯者，则再加罚一盘；若再次违反规定，可取消其参赛资格。参考规则 804.05。

801.02 比赛顺序

A. 在第一个开盘区开盘时，投掷顺序依记分卡上登录顺序投掷，或依大会告示板上公告顺序开盘。

B. 依前一洞的成绩决定接下来的投掷顺序，杆数较低者先开盘，依此类推。如果前一洞的成绩平手，则洞数往前推算，直到决定顺序为止。

C. 整组完成开盘后，下一次投掷以离目标最远的选手先投掷。

D. 在比赛中，没有任何一组可以越过前一组比赛，除非依据规则或裁判员指示，而前组选手及人员须让在一旁，让后一组选手比赛。

E. 未依顺序投掷者，可视为违反礼仪。参考规则 801.01F。

801.03 逾时

A. 每位选手在以下状况后 30 秒内，须完成投掷。

（1）前一位选手投掷完毕后；

（2）选手依合理时间到达并摆好标示盘后；

（3）投掷范围内完全清除并且没有任何干扰情形后。

B. 选手在被同组两位或以上的选手看到或由裁判人员看到第一次违反逾时规定时，将遭受警告；同一回合再犯时，加罚一盘。

801.04 遵守规定的场地

A. 正确地依据场地规定比赛是每一位选手的责任。每一位选手在比赛前应该问清楚场地的特别规定，包括额外的洞、轮换的开盘区、轮换的目标、界外区域或狗腿洞限制。

B. 五种场地错误投掷状况：

（1）于错误的开盘区开盘：同一洞设置多处开盘区，于非指定的开盘区开盘。

（2）狗腿洞投掷方向错误：选手投掷的飞盘未依狗腿洞规定的方向前进。

（3）错误目标：投掷错误目标。

（4）界外区投掷：选手误认界外区为界内，而在界外区内投掷。

（5）未连续逐洞比赛：跳跃一洞比赛或未依洞序比赛。

C. 以上之错误投掷状况将不同地影响到该组选手的成绩，该组选手应于该洞投掷完成后，由其他组或该组选手确认成绩并顺从其规则判决。

D. 当选手已缴回记分卡后始被发现以上之错误投掷状况，发生错误投掷的洞不可重新投掷，而发生错误投掷的选手要加罚二盘。若违反此规定是有意地取得竞争优势，请参考规则801.04 G 说明。

E. 以上之错误投掷状况被发现于正在投掷或已完成的洞，发生错误投掷的洞不可重新投掷，且发生错误投掷的选手应加罚二盘。

F. 每一种场地错误投掷的处罚如下：

（1）于错误的开盘区开盘：若选手于错误的开盘区开盘且于下一次投掷前被发现时，该选手须于正确开盘区重新开盘，并视为试掷一次（每一次试掷予以加罚一盘）。若选手于错误的开盘区开盘且于第二次投掷后被发现时，该选手须继续完成本洞投掷，并因错误投掷予以加罚二盘。

（2）狗腿洞投掷方向错误：若选手投掷的飞盘未依狗腿洞规定的方向前进且被发现时，该选手应于下一次投掷前将飞盘投返正确狗腿方向（规则803.11 B 及 C）而无须被处罚，但所有投掷数将被登录于该洞成绩。若选手投掷的飞盘未依狗腿洞规定的方向前进且朝目标进行下一次投掷后被发现，该选手无须将飞盘投返正确狗腿方向并可完成该洞投掷，但须因狗腿洞投掷方向错误予以加罚二盘。

（3）投掷错误目标：若选手在完成错误目标投掷前被发现，该选手须继续朝正确目标投掷，所有投掷数将被登录于该洞成绩而无须被处罚。若选手朝正确目标投掷，但因疏忽而投入（投中）错误目标，该选手须于错误目标一公尺内摆置标示盘，继续朝正确目标完成该洞投掷，所有投掷数将被登录于该洞成绩而无须被处罚。

（4）界外区内投掷：若选手误认界外区为界内时，在选手完成此洞前被发现，则应继续完成该洞投掷，并予以加罚二盘。

（5）未连续逐洞比赛：若开盘后且下一次投掷前被发现，选手须于正确之洞序重新开盘，其早先之投掷视为试掷（加罚一盘）。若开盘后且下一次投掷后才被发现，选手须继续朝目标完成该洞投掷，当该洞完成投掷后，应立即返回正确洞序继续比赛；不论有多少洞数被跳过或洞序不对，应予以因错误投掷加罚二盘。任何已完成投掷的洞数（序）成绩，应正确地记录于记分卡上，已完成投掷的洞数（序）不可再重新投掷。

G. 任何选手有意地运用错误投掷状况以取得竞争优势，已经违反规则 804.05 A（3），于该章节中有载明罚则。

802 装备

802.01 比赛用盘

A. 比赛用盘须完全符合 PDGA 技术标准规定，参考规则 805 B 中有关飞盘技术的规定。

B. 飞盘一旦受损，也就是说，飞盘已穿透或破裂是属不合法的，参考规则 802.01 D、E 及 F 说明。每一回合受损的飞盘将成为不合法，可携带但不准使用，以求比赛的公平性。

C. 选手不可以再次加工修改飞盘，以改变其原有的飞行特性。然而因投掷之自然损坏及老旧，或是适当地以砂纸处理原制造上的瑕疵或包装标签是被允许的。飞盘被过度地用砂纸处理或涂上一层厚厚可见的涂料是不合法的。参考规则 802.01 D、E 及 F 说明。

D. 比赛用盘若遭其他选手质疑时，必须由大会执行长判决认可，但执行长认可的标准不可违反上述的限定；任何未经核准的飞盘均视为不合格，而选手将受规则 802.01 E 所述之处罚。

E. 选手凡携带不合格的飞盘参赛，若由同组两名（含）以上的选手或任何一名裁判察觉到，将不经警告，给予加罚二盘。选手持续使用不合格的飞盘投掷，则将被取消比赛资格。参考规则 804.05 A（3）。

F. 参赛选手所持用的所有飞盘（迷你标示盘除外），必须要在盘面上用墨水或颜料做统一的记号，但厚度不可太厚。选手若使用未做记号的飞盘而被同组两名（含）以上的选手或任何一名裁判察觉到，第一次将处以警告，之后每次投掷均予以加罚一盘。

802.02 迷你标示盘

迷你标示盘用于标示选手所投掷飞盘的落停点，迷你标示盘的直径须介于 7 公分至 15 公分，高度不可超过 2.54 公分。

802.03 目标

打中或投入目标视为有效地完成一洞的投掷。目标的设置不应违反 PDGA 技术标准的规定。参考规则 803.12 B 及 C 章节描述打中或投入目标的完成要件。

802.04 人工辅助器材

A. 在每一回合比赛时，选手不可使用人工器械作为协助有利飞盘飞行的投掷，但一些能减少或能控制皮肤受伤害的器材，如手套、胶带、绷带及纱布是被允许使用的；于开杆区所使用的防滑物品亦不在此限。选手绝对禁止使用人工器械而改变持、握飞盘方式或角度，或投掷力矩（其为附加于手指、手腕、手臂或肩膀等器械）。

B. 选手若在任何比赛回合时违反使用或携带人工器械规定，并被同组两名（含）以上的选手或任何一名裁判察觉到，不经警告，直接加罚二盘；执行长可依违反规则 802.04 A 裁决之。若选手持续违反使用或携带人工器械规定，执行长可依违反规则 802.04 A 及 804.05A（3）裁决之。

803 比赛规则

803.00 通则

A. 飞盘高尔夫是将飞盘自开盘区经一次或连续有效投掷而投进（投

中）目标的运动；参加竞赛的选手于限定的回合内，以最少的投掷次数加上罚盘后，成绩最少者为获胜。

B. 选手于比赛回合中，自第一洞序开盘后，至最后一洞投进（投中）目标，被同组两名（含）以上的选手或任何一名裁判员察觉用任何飞盘，于任何时间，做试掷或额外的投掷，应予以加罚一盘。因规则之规定必须要重掷，或根据规则803.00 C（3）规定的暂时性投掷，或比赛暂停时的投掷，或比赛延期时的投掷除外。

C. 申诉：

（1）若整组的选手对某一条款规则无法达成共识而做出最终决定时，此一疑问应对投掷者有利。无论如何，任何选手均可寻求裁判的判决，此时，决定权即转移至裁判。提出申诉时，应立即且清楚简洁地向同组选手陈述。

（2）若裁判员迅速地到达，该组选手应站到一旁并寻求裁判的判决，让其他组选手投掷及通过。

（3）若裁判员未立即到达，该组选手有两种处理方式，一种是达成共识而做出给予该申诉选手最有利之判定，然后继续比赛；另一种是，若申诉者不愿依同组选手所做的判定然后继续比赛，可选择动用临时性暂定投掷。当动用临时性暂定投掷时，依该组所认定之不同条件来完成该洞的投掷。当最后由裁判或执行长或执行长代理人依适当的规则说明判决后，只计算依判决条件投掷的次数，而未适用于判决条件的投掷次数，并不被累加入于成绩之中，亦不会被视为试掷。若裁判未立即到达可做出该回合的判决（或适当引用于该回合），该组选手应寻求裁判定夺。

（4）选手亦可向执行长或执行长代理人对裁判的判决提出申诉。若执行长或执行长代理人立即到达，该组选手应站到一旁听从其判决；若执行长或执行长代理人未能立即到达，该组选手应先听从裁判的判决。提出的申诉应是立即且清楚简洁，而执行长或执行长代理人是申诉的最后的裁决者。

（5）申诉后，全组或裁判的判决被推翻，裁判（或执行长，或执行长代理人）在公平的原则下，可允许成绩维持原判决，或是依实际的规则做调整。而当判决无法达成共识时，重新比赛该争议的盘洞是最公平的解决方式。

D. 选手违反规则时是不须警告的，除非该条款明示有警告。每一回合的警告并不被累计至下一回合或决赛。

E. 当争议点不被规则所含括时，其争议须在公平的原则做出判决。通常规则的延伸及原理可提供出公平的正确判决。

803.01 开盘

A. 每一洞的开始，选手必须于开盘区内开盘。当飞盘投掷出手后，选手的支撑点一定要在开盘区的表面上，且支撑点的全部必须要在开盘区内。若有场地提供开盘专属地垫，飞盘投掷出手时，选手支撑点的全部必须要在开盘区内，除非执行长已因安全理由且提出开盘区修改。若场地未提供开盘专属地垫，飞盘投掷出手时，选手支撑点的全部必须要在前端线及左右两边平行向后延伸三公尺所包围的范围内。由开盘区之外助跑投掷是被允许的。当飞盘出手后，确定选手支撑点不在开盘区之外，其往前冲出开盘区的动作是被允许的。

B. 任何支撑点在出手前接触到开盘区范围之外均被视为违反投盘站立点规则。参考规则 803.03 F 及 G 的说明。

803.02 标示落停点

A. 开盘后，所投出的飞盘必须将迷你标示盘置放于该飞盘延伸到目标的直线上且接触该飞盘的最前缘之地面后始可移动。已置放作为标示的迷你标示盘必须等待飞盘投出后才可以移动。迷你标示盘在投掷前被不经意地移动时，必须移回正确的位置。

B. 若投出的飞盘落停于界外线边一公尺内时，可将迷你标示盘置于距最近的界外边线且垂直界外边线一公尺内之任意点上；纵使此标示使之更靠近目标亦然。参考下列章节对其他各种飞盘落停点之标示盘摆设说明。

（1）为障碍解除而重新定位：参考 803.04 C（2）。

（2）干扰、阻碍：参考 803.06 A、B。

（3）落停于地表以上：参考 803.07 A。

（4）界外：参考 803.08 B。

（5）遗失：参考 803.10 B。

C. 垂直的规则：界外线标示是一种垂直线；当飞盘落停在离界外一公尺内时，可依此规定在一公尺内的垂直线上任一点自由标示。

D. 如果飞盘因投掷后破裂而成为数片，经同组多数选手或一位裁判认定为最大的碎片为投掷飞盘的落停点。

E. 当飞盘投掷入水中时，不论因飞盘漂浮于水面，或因水的作用或风的吹拂而移动，其落水点即为落停点。

F. 若选手违反标示落停点的规则，被同组两名（含）以上的选手或任何一名裁判察觉，第一次将处以警告；而后于同一回合中，每违反标示落停点的规则，且被同组两名（含）以上的选手或任何一名裁判察觉，均予以加罚一盘。

803.03 投盘站立点

A. 当飞盘投掷出手之同时，选手应该：

（1）支撑点一定要在标示盘延伸到目标的直线上，且于标示盘后方三十公分的地表；

（2）任何支撑点不可接触迷你标示盘，或不可接触比迷你标示盘后缘更靠近目标的事物；

（3）全部的支撑点均于界内。

B. 因飞盘出手之垫步而前倾超越迷你标示盘的动作是被允许的；但十公尺内的敲杆动作是不被允许的。

C. 自迷你标示盘的后缘至目标的基部十公尺（含）内，视为敲杆动作。因飞盘投掷出手之垫步而前倾超越迷你标示盘的后缘的连续动作被视为无效的敲杆，且是不被允许的。选手必须要呈现完全平衡后，始可朝目标走去。

D. 选手应该选择对场地之永久性或整体性障碍物的任何一部分造成最小的移动的站立点。

E. 若有一大型的障碍物妨碍于目标至迷你标示盘后方三十公分内之合法站立点上时，选手应将站立点移至该障碍物后方的延伸线上；该选手仍须遵守规则 803.03 A 规定，于迷你标志盘后方三十公分内为其站立点。

F. 违反站立点规则必须在违反规则后三秒内，由同组之任一一位选手或裁判清楚地提出；当由同组一位选手提出时，须寻求同组另外的选手附议确认。同一回合中第一次违反站立点规则者，将予以警告；而后每违反站立点规则一次，即予以加罚一盘，以此类推。

G. 任何投掷行为被确定为违反站立点规则时，该次投掷将不予以承认，且必须于原投掷站立点重掷，并于下一位选手投掷前重掷。

H. 选手在做重掷之前不可取回早先已投出之飞盘，除非是于十公尺内的敲杆。若选手在做重掷之前取回早先已投出之飞盘，将予以加罚一盘，无须警告。

803.04 障碍与障碍解除

A. 永久性及大型的物体造成站立点及投掷动作的障碍：选手选择对场地的永久性及大型的物体障碍物造成最小的移动的站立点。一旦合法的站立点被确定后，选手不可移动任何的障碍物（或将之往后扣住或将之折弯）以取得更多的投掷动作所需的空间。规则 803.04 C 说明，若确定为临时性的障碍物除外。若因选手投掷时的动作所造成非故意移动障碍物的行为视为合法。

B. 于飞盘落停点与目标之间的障碍：选手对于飞盘落停点与目标之间的障碍物不可移动、改变、弯折或扣住其任何一部分，可允许选手移动飞盘落停点与目标之间的障碍物，如观众、选手的装备、开启的栅门或本回合中掉落的树枝树叶等。若无法确定是否为可移动的障碍物，不应该移动它。若因选手投掷动作所造成的非故意移动障碍物视为合法。

C. 临时性的障碍物：选手可由下列的障碍物获得脱困，如临时的积水、落叶或瓦砾堆、折段且不再连接在树上的树枝、车辆、有害的昆虫或动物、选手的装备、观众，或未被执行长预定在内的项目及区域。选手所获得的障碍解除形态应基于位于障碍点之不同而有不同的限制：

（1）位于飞盘落停点与目标之间的障碍：障碍不允许解除，除非此障碍物成为该回合符合规则 803.04B 所叙述之因素。

（2）站立点与投掷动作的障碍：选手必须先尝试排除此一障碍；若视为不可行的，重新设定站立点须经同组大多数的选手或一位裁判认可，且选手于飞盘的落停点至目标距原来落停点后方五公尺内重新设定站立点（除非执行长已指定其解除方式）。或者该选手可宣告其飞盘为不安全的落停点，并依据规则803.05规则处置。

（3）助跑的障碍：选手可移动障碍物，无其他解除方式可提供。

D. 无法确定是否物体已被移动过或无法获得其他障碍解除方式的状况时，须经同组大多数的选手或一位裁判决定之。

E. 选手若违反障碍或障碍解除的规则，无须经过警告，予以加罚一盘。选手在每一回合中，有意地损坏任何物品，若被同组两位以上的选手或一位裁判看见，无须经过警告，予以加罚二盘。亦可依规则804.05 A（2），取消其比赛资格。

803.05 不安全的落停点

A. 选手可宣告其飞盘之落停点为不安全的落停点，可于飞盘的落停点，且不靠近目标后五公尺内定义新的落停点，加罚一盘。或者选手无法于不安全的落停点且不靠近目标方向后五公尺内重置落停点，该选手应加罚二盘，并可于不短于不安全落停点至目标的距离的盘道上重置落停点。

803.06 干扰中断

A. 选手所投掷出的飞盘若击中其他的选手、观众或动物，该选手仍应于飞盘的落停点开始下一次的投掷；所投掷出的飞盘被有意地使之偏斜或拦截而再移动时，须经同组大多数的选手或一位裁判认可，尽可能接近并标示原接触点。选手应不站在或将装备置放于其他选手所投掷的飞盘容易击中的飞行路径上。离目标最远的选手在投掷之前，若认为其他选手可能对他造成投掷路径上的干扰，可以要求其他选手标示他们的飞盘落停点，或移走他们的装备。

B. 若飞盘于落停点上被移动过，须经同组大多数的选手或一位裁判认可，尽可能接近并重新放回原落停点。若迷你标示盘被移动过，须经同组大多数的选手或一位裁判认可，尽可能接近并重新放回原标示点。

C. 任何选手故意地变动在场上已投出的飞盘，或故意地移动飞盘，或故意地遮蔽其他选手所投掷的飞盘或迷你标示盘，若被同组两位以上的选手或一位裁判看见，无须经过警告，予以加罚二盘。若飞盘被其他选手投掷的飞盘击中而移动，或为确认而移动飞盘的行为，不在此限。

803.07 飞盘落停于地表以上

A. 若飞盘落停于树上，或场地其他物体的上方时，该飞盘的落停点应于该飞盘的正下方的地面上做标示。若该飞盘的落停点的正下方的地面为界外区，该飞盘应宣告界外，其标示及罚则依据规则 803.08 处置。该飞盘的落停点的正下方的地面为界内区，且于树木的中央或为其他固体的障碍物上，其应标示落停点于树木或固体的障碍物至目标的延伸线的后方。

B. 若飞盘落停于距离地面二公尺以上（自飞盘之最低点至地面的垂直距离），该选手应予以加罚一盘；此罚则仅适用于飞盘落停于界内区之上。该选手应该依规则 803.97 A 标示落停点。

C. 若选手到达飞盘的落停点之前，其飞盘未因其他选手或观众之力而掉落至距离地面二公尺以内时，该选手无须遭受处罚。该选手不可因为等待飞盘掉落而故意拖延时间。

D. 若二公尺以上的高度无法确定时，同组多数的选手或一位裁判必须做出判决。若该飞盘尚未被做出判决之前，投掷该飞盘的选手即移动其飞盘，该飞盘须被视为落停于二公尺以上，并依据规则 803.07 A 及 B 条款处理。如果一位非投掷该飞盘的选手，在尚未做出判决之前即移动飞盘，该飞盘须被视为落停于二公尺以下；而投掷者与该移动飞盘的选手将以干扰规则处理，参考规则 803.06 B、C 条款说明。

803.08 出界

A. 当飞盘落停点清楚并完全处于界外区时，该飞盘应可认定为界外。当飞盘投掷入水中时，不论因飞盘漂浮于水面，或因水的作用或风的吹拂而移动，其落水点即为落停点。参考规则 803.02 E 条款说明。界外标线本身为界内。

B. 若选手投掷的飞盘被认定为出界，应加罚一盘。该选手经同组大多数选手或一位裁判认定，应于飞盘最后进入界外区与界外线交叉点，且垂直于界外线一公尺内适当位置摆置落停点；甚至于因此而更接近目标，其方向无须改变。若飞盘亦落停于离地面二公尺以上者，落停于离地面二公尺以上的处罚，并无须再附加于界外的处罚。

C. 垂直的规则：界外线标示为一种垂直线，选手可在这一公尺垂直线内任何一点摆置标示盘。

D. 若一飞盘的界内状态无法确定，必须由同组大多数选手或一位裁判裁定。若选手于尚未裁决前而移动飞盘，该飞盘应被认定为出界，且须依规则 803.08 B 条款处置。如果一位非投掷该飞盘的选手，在该飞盘尚未被做出判决之前即移动飞盘，该飞盘须被视为落停于界内；而投掷者与该移动飞盘的选手将以干扰规则处理，参考规则 803.06 B、C 条款说明。

803.09 从其他选手落停点投掷

A. 若选手从其他选手的飞盘落停点投掷飞盘，应予以加罚二盘，无须警告。该违规的选手应于误认的落停点完成该洞的投掷，无须任何重掷。

B. 被误认落停点的选手，应由违规的选手与同组多数选手或一位裁判裁定，尽可能标示接近原落停点位置投掷；参考规则 803.10 C 飞盘遗失。

803.10 飞盘遗失

A. 选手到达其飞盘被同组选手或一位裁判看见最后之落点附近，于三分钟内无法确定其飞盘的位置时，应宣告飞盘遗失。时间上的计时应由同组二位选手或一位裁判告知计时开始，所有同组的选手应全力地在三分钟内帮忙找寻，直到宣告飞盘遗失为止。

B. 选手若宣告飞盘遗失，应予以加罚一盘。其下一次投掷点必须由同组大部分的选手或一位裁判同意，于界内且飞盘最后被看到的落点附近标示之。

C. 若于比赛结束之前寻获遗失的飞盘，选手因飞盘被移动或捡走而宣告遗失所加计的罚盘，可于成绩上扣除。

D. 若迷你标示盘标示落停点后遗失，必须由同组大部分的选手或一位裁判同意，于最接近先前之标示点重新标示，无须被处罚。

803.11 狗腿洞限制

A. 狗腿是限制飞盘到达目标的路线。选手必须依开盘区广告牌指示或盘洞说明之狗腿规定，依循正确方向投掷飞盘，完成该洞的投掷。

B. 若飞盘未依狗腿规定方向前进，该选手须循原错误的方向投掷返回，并朝正确的方向前进。

C. 若飞盘未依狗腿限制方向前进，其须将狗腿视为目标；当标示该飞盘的落停点时，仍须遵守所有站立点、迷你标示盘、障碍物及障碍解除等规则之规定。

803.12 完成

A. 若选手于一回合中无法完成任何一洞投掷时，执行长可自由决定将之取消参赛资格。以下状况除外：

（1）因迟到而错过一或数洞；参考804.02 A、B说明。

（2）不小心而未完成该洞的投掷（由同组大部分的选手或一位裁判决定），该选手的成绩除该洞投掷次数加上因违反其他规则之罚盘，须再加罚二盘。然后该洞即可认定为投掷完成。

B. 目标设备：投掷者须将飞盘完全离手且飞盘必须停留于链条或篮底，始认定为完成该洞投掷；认定的原则包括飞盘卡或悬挂在目标设备的底部，不包括飞盘落停目标设备的顶部之上或悬挂在捕捉设施顶部之外侧；该飞盘被投掷者取回前须仍停留于链条或目标设备之内，始可认定完成该洞投掷。

C. 目标物：投掷者须将飞盘完全离手，且飞盘敲击于目标物上且经执行长标示之有效范围内，始认定完成该洞投掷。

804 比赛程序

804.01 特殊状况

A. 在赛事开始之前，须向参赛选手清楚地说明及传达场地所限制的特殊状况。除了由PDGA竞赛组执行长所认可的X-Tier赛事，所有特殊规定不可与飞盘高尔夫规则相抵触。

804.02 比赛开始

A. 同时开始（一回合中，多组选手同时开始）：在规定的时间内，记分卡必须分配给卡片上所列之第一顺序的选手；当记分卡分发完毕后，应该给予各组选手足够的时间到达成绩登记卡指定的开盘区。开盘前二分钟，应使用声音产生器（如汽鸣喇叭）发出连续的短音作为提示信号；此时，选手必须停止所有的投掷练习，且迅速地向开盘区移动。若选手于一回合开盘前二分钟提示信号发出后至开盘前仍旧做投掷练习，若被同组两位以上选手或一位裁判看见，该选手将被记警告一次；该选手被记警告后，仍持续做投掷练习的话，若被同组两位以上选手或一位裁判看见，该选手将被处以加罚一盘。当持续地长音信号发出后，记分卡持有者必须依投掷顺序唱名；若一选手被唱名投掷时尚未出现，记分卡持有者必须给予三十秒等待，若该选手于三十秒过后仍未出现，该选手于该洞的成绩以该洞之标准杆加四杆登记；以下各洞该选手仍然未出现，必须依同一程序操作，直到该选手出现为止，所有未出席的各洞均不可重投；若选手整回合均未出席或未完成该回合比赛，执行长可决定是否取消该选手之参赛资格。

B. 逐组开始（一回合中，一组接一组地从某一洞开始）：选手经执行长唱名后方开始投掷；选手可练习投掷直到该组准备到开盘区开盘之时，但不可干扰场上投掷的选手。若一选手被唱名投掷时尚未出现，记分卡持有者必须给予三十秒等待，若该选手于三十秒过后仍未出现，该选手于该洞的成绩以该洞之标准杆加四杆登记；以下各洞该选手仍然未出现，必须依同一程序操作，直接该选手出现为止，所有未出席的各洞均不可重投；若选手整回合均未出席或未完成该回合比赛，执行长可决定是否取消该选手之参赛资格。

804.03 成绩登录

A. 记分卡登录为第一顺序的选手，或每位选手独立持有记分卡而于大会公告牌登录为同组之第一顺序的选手，必须于该回合开始之前领取记分卡，且为第一位保管记分卡的选手。所有的选手应依洞数之平均保管记分卡，若一位选手或目前记分卡保管人志愿保管记分卡更多的洞数，必须由该组所有选手同意。

B. 每一洞投掷完成后，记分卡保管人必须唱名，被叫到名字的选手包括记分卡保管人必须清晰大声地回答投掷次数，记分卡保管人必须登记该选手的成绩并大声复诵，以此类推。若记分卡保管人不认同选手所回报的成绩时，该组选手必须协助回顾该选手的正确投掷次数。若同组的选手无法一致确定该选手的投掷次数时，必须参考规则 803.00 C 说明。

C. 选手因违反规则而遭受的警告或罚盘，必须于记分卡注明。

D. 一回合结束后，每位选手必须于记分卡上签名，以证明记分卡上所登录之每一洞及总成绩均为正确。若选手的成绩被登录错误，经同组其他所有选手同意，须于记分卡交回大会前更正。选手未于记分卡签名并交回大会，该选手必须无异议地接受大会所公布的成绩。

E. 所有选手每一回合之后二十五分钟内必须交记分卡回大会。若未于时间内交回记分卡，无须警告，同组选手均予加罚二盘。

F. 当记分卡交回大会后，所有的成绩即成立，不可上诉。下列情况除外：

（1）于执行长宣布大会结束或所有的奖项颁发完毕之前的任何时间，所有因违反规则经评估确定且应予以罚杆。

（2）若登录的成绩被确认有误，不论是因单一洞的投掷次数或是总成绩登录错误，执行长得于成绩更正后予以加罚二盘。

（3）延误交回记分卡，参照规则804.03 E章节说明。

804.04 下雨或危险情况

A. 假如因大雨或危险状况发生，赛程持续进行是不合实际或可能发生危险时，执行长可依自己之主张而暂停比赛；暂停比赛的信号与比赛开始相同。

B. 所有的选手应立即标示飞盘落停点并停止比赛。当重新开始比赛时，自然物亦可作为尽可能接近原落停点标示的参考。选手们必须回到第一个开盘区，或大会执行长指定的地点。

C. 所有选手应尽可能接近于暂停比赛前所标示的落停点重新比赛，该落停点须经同组大多数选手认可。

D. 执行长可允许选手稍为休息等待天气改善，但亦可要求选手们或指定工作人员每一小时巡视比赛场地，直到重新比赛或该回合延期为止。

E. 若影响比赛的状况无法解除或赛程结束前天色已暗，执行长可决定将该回合未完成的部分延至日后补赛。

F. 已投掷各洞的成绩必须保留至该回合重新比赛完成为止。

G. 若选手提早停止比赛，也就是说，执行长决定暂停比赛，且暂停比赛信号未发出前即停止比赛，将予以加罚二盘。

804.05 取消比赛资格及嫌疑

A. 执行长综合相关必要条件且超越取消比赛资格之规则，或下列任一条款，可判定取消选手比赛资格：

（1）非运动家精神行为，如大声咒骂、愤怒地抛丢比赛飞盘之外的物品，或公然地对在场的任何人无礼。

（2）意图公然地破坏或虐待植物、场地硬件设施，或任何飞盘高尔夫场地或公园的财产。

（3）欺骗：意图规避规则进行比赛。

（4）违反法律或公园管理规则或飞盘高尔夫规定，包括吸食禁药或含酒精饮料。执行长基于选手违反行为的严重程度，有取消其比赛资格的权力。执行长可于适当且正式的时机对选手提出取消其比赛资格的警告。

B. 被取消比赛资格的选手，将被没收所有的奖金（品），并不退还报名费。

C. 于 PDGA 巡回赛中，若选手违反任何有关规则 804.05 A 规定，亦被视为取消选手比赛资格的条件。于 PDGA 巡回赛中取消选手比赛资格，由 PDGA 委员裁决。被取消比赛资格选手可向 PDGA 执行长提出对其判决的申诉，取消比赛资格的时间可依选手是否重复或违反规则的严重性及范围决定之。

804.06 编组及区隔

A. 职业及业余的选手不可编在同组比赛，并且所有不同组别的选手，要实际地分开在其各组别竞赛。

B. 同一组别的选手于第一回合时应该依随机编组比赛，而后的各回合乃依之前回合之累积成绩排序编组。

C. 执行长须要追求公平原则，减少不诚实情况发生，每组选手不得少于三人，如果实际情况每组须少于三位选手时，每组应有裁判在不影响选手竞赛原则下随行。

D. 当参赛者超过场地每回合所能容纳的组数时，竞争组可将选手区隔分段竞赛。于区隔时，种子选手依排序分别编排于各区隔场中，也就是说，每一区隔场次应该要有人数相同的高手及一般选手。

E. 若比赛的状况极大的不同且影响各区隔场次选手之间成绩时，执行长可考虑使用区隔程序来决定淘汰或晋级。在这程序之下，每一区隔选手依照成绩好坏，决定一定比例选手予以晋级或淘汰，且该成绩将不合并计算之后各回合的成绩。

F. 经过淘汰，所有晋级的选手应于同一时段进行比赛。

804.07 平手

A. 若有部分选手成绩相同且于晋级之最低标准时，所有符合标准的选手应予晋级。

B. 每回合重新编组时，平手选手多于每组人数时，应可编入不同组。最近一回合之成绩最低者，应列于最高组别；如果最低成绩再相同时，执行长可依照已往的惯例做分组安排。

C. 赛事终了，第一名仍有选手平手时，必须以骤死赛来决定胜负。骤死赛应该从第一洞开始，除了执行长于赛前已指定不同的盘洞。除第一名之外，其他排名顺序为平手时，其记录即为平手：平手选手奖金的分配应依平手名次的奖金总数，平均分配给平手的选手。平手名次的奖杯分配，可由骤死赛决定，或由执行长决定采取其他飞盘高尔夫技术投掷来决定。

804.08 选手组别

A. 除了 PDGA 世界业余冠军赛之外，以下的分组别应适用于所有经 PDGA 核准的赛事，参考规则 804.08 H 说明。所有女子组的组别应与男子组相同。执行长可经适当的公告限制组别竞赛；若缺少此一公告，而该组选手达四人或四人以上时，执行长必须提供该组别之竞赛。

B. 选手不可以参加所登记 PDGA 的组别之较低阶的组别比赛，选手可参加较上阶的组别竞赛，例如登记在业余进阶组的选手，不可在业余进阶中年组参赛。

C. 选手只能在每次比赛中参加一种组别的竞赛。如果每组在不同天竞赛，执行长可允许选手在不同天不同组竞赛。

D. 职业组：职业组选手可领取奖金竞赛。

（1）公开组：顶尖职业组，任何年龄均可参赛。

（2）中年组：职业组，只限定四十岁以上的选手参赛，以比赛开始日期为计算。

（3）长青组：职业组，只限定五十岁以上的选手参赛，以比赛开始日期为计算。

（4）松青组：职业组，只限定六十岁以上的选手参赛，以比赛开始日期为计算。

（5）传奇组：职业组，只限定七十岁以上的选手参赛，以比赛开始日期为计算。

E. 业余组：业余组选手可领取奖杯或奖品竞赛。

（1）进阶组：顶尖业余选手。

（2）中年组：已具备基本技术及比赛经验的选手。

（3）新手组：初学选手。

（4）十六岁组：业余选手，低于十六岁的选手，以比赛最终日期为计算。

（5）十二岁组：业余选手，低于十二岁的选手，以比赛最终日期为计算。

（6）结合年龄限制及技术程度的业余组：包括进阶中年组、中级长青组或松青新手组等。

F. 业余资格：选手在 PDGA 认可的比赛参加职业组竞赛，并且接受奖金则结束业余身份。如果赢得附属的比赛，则可以赢得奖金，例如一杆进洞奖，将不会影响其业余资格。选手也可注册加入 PDGA 职业组而放弃其业余资格，请参考规则 804.08。

G. 执行长不可限制任何一位选手参加其已加入 PDGA 注册的组别竞赛，除非执行长已由公开的程序事先告知选手，所有程序已取得 PDGA 竞赛组认可，执行长不可禁止选手已获资格并有该组别时，在职业组中竞赛。

H. PDGA 世界业余冠军赛资格，一经大会邀请，现为 PDGA 会员并注册在业余组之下且没放弃其业余资格者始有参赛资格。一旦经大会邀请，选手虽注册在职业组，在任何 PDGA 承认的比赛中未接受过奖金，或马上加入业余组的选手，在新的一年中仍有参赛资格。

I. 更改组别请求：选手可经由缴费后向 PDGA 行政人员申请改变其组别到上一阶的组别。选手可向 PDGA 竞赛组执行长诉请改变其组别到下一阶组别，如果更改到下一阶组别已获同意，选手不得在六十日内参加新组别的比赛。

804.09 裁判

A. 为具备裁判资格，个人必须通过正式的裁判人员资格测验，来显示其真正拥有的规则知识。每次规则变更或重新发行时，测验则须重新来过。

B. 执行长必须通过裁判人员资格测验。

C. 每一位裁判必须携带 PDGA 的裁判证及规则手册。

D. 裁判员必须明确地告知他们所目睹的违例，如果裁判员也在比赛，不可用正式的裁判身份在同组争辩，或者在比赛中明显地影响到与自己相关的争辩情况，裁判员绝对有权力经由规则给予选手罚盘。

805 测量制度换算及配备标准

A. 所有规则上之测量度量衡均以公制表列。

若无公制测量设备时，且选手们或裁判无法提出可信赖的换算计算时，下列之英制度量为换算公制之相等量值。

公制	英制
10 公尺	32 英尺 10 英寸
5 公尺	16 英尺 5 英寸
3 公尺	9 英尺 10 英寸
2 公尺	6 英尺 6 英寸
1 公尺	3 英尺 3 英寸
30 公分	$11\frac{3}{4}$ 英寸
15 公分	$5\frac{7}{8}$ 英寸
7 公分	$2\frac{3}{4}$ 英寸
2.54 公分	1 英寸

B. 飞盘高尔夫比赛用盘的规定，均公告于 PDGA 技术标准文件，在 PDGA 竞赛中使用的合法飞盘必须是：

（1）为盘型构造，且无穿孔的飞盘；

（2）为定型之塑料材质，且无任何填充物；

（3）内缘深度须大于飞盘外径之百分之五；

（4）盘面直径不可小于 21 公分，且不可大于 40 公分；

（5）重量与盘面直径之比，不可超过 8.3g/cm；

（6）重量不可超过 200 公克；

（7）须保持原制造出厂之本质，不可意图加工修改致使改变其重量或飞行特性；

（8）最少生产量为 1500 片；

（9）已于市场上公开销售；

（10）不可对选手或观众造成意外危险；

（11）内缘比例架构为 26.0 或更大；

（12）盘缘外角不可大于 1.6 公厘（1/16 英寸）；

（13）硬度不可大于 12.25 公斤（27 英磅）；

（14）于 PDGA 认可的赛事中被任何选手质疑的飞盘，须经执行长鉴定授权后始可使用，但不可违反上述条文的规定；

（15）由 PDGA 技术标准委员会于竞赛中认可。

806 术语

合适落停点（Approximate Lie）：

因大雨或危险情况发生时的暂停比赛后比赛重新开始（804.04 C）、飞盘遗失（803.10 B）、遗失迷你标示盘（803.10 D），或为更正由界外区错误投掷［801.04 B（4）］，经同组选手确认之落停点。

离目标较远的选手（Away Player）：

选手飞盘落停点离目标最远者，应于下一投掷时优先投掷。

临时的积水（Casual Water）：

积水的范围，除了执行长在每回合开始之前特别设计订定为界外区时，或每回合开始之前特别设计订定为非临时积水范围时，均视为临时积水。

完成一回合（Completion of a Round）：

在执行长的认可之下，当最后一组完成最后一洞，并在合理的时间之内从最后一洞走回时，本回合将正式地完成。

执行长（Director）：

负责执行赛事的人，"执行长"一词在多重比赛项目或工作中也常被使用，称为赛事执行长或场地执行长。

目标设备（Disc Entrapment Device）：

目标设备被用于完成每洞的投掷，通常包含上半部的链条、线或管子，下半部则有篮子或托盘。

盘道（Fairway）：

从开盘区到目标之间，选手投掷所经过在界内区内的路线或地区。

组（Group）：

每回合竞争者被编排在一起，依据规则并以不同的成绩（盘数）及适当的比赛为目的竞赛。

洞（Hole）：

为完成场地上每个区分范围而必须到达的目标。"洞"这个字也可以说为求成绩（盘数）在场地上区分的每个单位。

洞的完成（Holed-out）：

此定义为一个洞的完成，选手从目标设备中的链子或篮子中取出停留在其中的飞盘，或者成功地打中非高尔夫篮并且已做好记号之时。

落停点（Lie）：

根据规则，在可比赛的场地上选手所能决定的站立点。

投掷线（Line of Play）：

一条在比赛场地上的假设线，由目标的中心点延伸穿过迷你标示盘中心之后。

狗腿（Mandatory）：

飞盘必须经过已规定的目标一边路线而到达目标，狗腿的功用是限定飞盘到目标的正路线。

迷你标示盘（Mini Marker Disc）：

被使用在标示飞盘落停点位置的飞盘（请参考 803.02 落停点标示及802.03 目标）。

障碍（Obstacle）：

任何场上可以阻挡到任何投掷的因素。

裁判（Official）：

在比赛场中被授权正确运用规则做判决的人。

界外（Out-of-bounds）：

执行长在比赛前所设定不可比赛飞盘的地区，界外可垂直向前或向后延伸，界外线本身视为界内。

标准杆（Par）：

由执行长决定出在每个洞飞盘高尔夫选手被期待的成绩；标准杆就是说在一般气候状况，在没有失误的情形之下，准许两个较近的投掷范围来完成该洞。

罚盘（Penalty Throw）：

违反规则或重置落停点情况发生，经由规则上的解释，加在选手投掷的成绩上。

试掷（Practice Throw）：

在每一回合当中，飞盘掷出超过二公尺的距离或任何向目标前进的距离，无论有意或无意，虽然未改变选手的位置，也不因为不在开盘区，或落停点发生，或是选手已从开盘区或落停点处完成投掷均视为试投，根据规则重投不算试投，依照规则 803.00 C 的临时暂定投掷不算试投，选手必须依 803.00 B 或 804.02 A（2）的违反试投条例而受一杆罚杆。

敲杆（Putt）：

任何从迷你标示盘的前缘到每洞的底部十公尺内的投掷均视为敲杆。

失败敲杆（Putt Falling）：

敲杆后，未保持身体平衡前，选手碰触到自己的迷你标示盘，或任何在落停点后的事物含地面。

障碍解除（Relief）：

选手的落停点或被包围的区域改变，例如移开附近的障碍物，或当状况不能投掷时，依据 803.04 C 脱离障碍重新置定落停点。

支撑点（Supporting Point）：

当出手时，选手身上接触在地面或其他可供支撑物上任何部位。

开盘区（Teeing Area）：

由开盘区地垫边缘所涵盖或在开盘线后三公尺并行线的范围内。

投掷（Throw）：

飞盘向前推进致使改变飞盘从开盘区或落停点的位置的动作。

投掷者（Thrower）：

一个被认为已投掷或将要投掷的人。

不安全落停点（Unsafe Lie）：

当选手认为被阻碍站姿，或投掷动作不可能进行，或认为投掷不安全，应罚盘后重置落停点。

警告（Warring）：

规则中规定，同一回合中，选手违反规定时给予的初期劝告，使选手在接连违反规定时或违反一连续的规则时，将必接受加罚一盘。

附录3　极限飞盘术语大全

A

Act of Throwing 扔盘动作。手臂向前运盘但还没出手时的动作。

Aggro，Aggressive 的缩写。指的是个人或队伍比赛精神较差、过于好斗的表现。

Air Bounce 空气反弹。一种正手或反手掷法，盘轻轻地往下方出手，盘由于空气的缓冲而飘浮着下降。

Alligator Catch 短嘴鳄接法。一种接盘方法，一手在盘顶，一手在盘底，同时拍住飞盘。

Attacking End Zone 进攻得分区。当前队伍为了得分正在攻击的得分区。

Away 客场侧。场地中的客场一侧。一般来说，参赛选手们会把自己的衣服、包等物品放在场地某一边线之外，这一边线所在场地一侧就叫作主场侧（Home），另一边线所在一侧叫作客场侧。逼客场侧指的就是逼迫掷盘者往客场一侧传盘。

B

Backhand 反手。右撇子选手从左侧出盘的一种标准掷盘法。

Banana Cut 香蕉跑位。一种容易被跟上的跑位方式。进攻选手沿弧线跑动，而没有即时改变方向。这种跑位一般被认为很拙劣。

Bear-Ninja-Cowboy 熊 – 忍者 – 牛仔。类似于石头剪子布，用于决定哪一方来发盘。熊胜忍者，忍者胜牛仔，牛仔胜熊。双方代表背对背站着，一齐走三步，然后转身摆出他们选择的角色。

Best Perspective 最佳角度。选手能拥有的最佳视觉角度，包括飞盘的位置、地面、选手及线的标志物。

Bender 外摆盘。外摆（Outside-In）掷盘法，盘被掷盘者扔出后沿曲线朝内飞行。

Bid 一次失败的接盘或阻断。

Bingo 预先指定的负责在得分区接盘得分的选手。

Blade 刀片法。一种掷盘法，出手后，盘保持其原来的垂直角度，完全不翻转。

Block 阻断。一名防守选手在盘飞行过程中改变其飞行轨迹，使其触地。

Bookends 指一名防守选手成功地防下飞盘后，随即掷得分盘。

Box 盒子飞盘。极限飞盘的变种玩法。场地为极限飞盘的一半，选手较少一点。在用角标标注的正方形区域内接住飞盘算得分。

Bomb 远程轰炸。防守方打破了进攻方的进攻后，将盘掷向场地另一端的无人区域（进攻得分区）。这种策略是用于开始新一轮的防守（而非在获得盘权后直接反攻），清空己方的防守得分区。

Boulder Cut 卵石跑位。一种跑位方式，进攻选手假装往远处跑动，然后迅速朝掷盘者方向切回。另一种相反的卵石跑位是指，进攻选手先跑向飞盘，然后再往相反方向的远处跑动。

Break 突破。突破防盘者（Break Your Marker）是指，将盘越过防盘者掷到他们用逼向保护着的区域。

Break-Mark Throw 突破盘。将盘掷向防盘者防护着的区域，而非逼迫出盘的区域。

Break-Force 突破逼向。同 Break-Mark Throw。

Brick 标点或砖头点。发盘时如果飞盘落地在界外并没接触到进攻的任何选手，飞盘可以从这里开始进行争夺。

Bullet 子弹盘。使盘飞行速度很快的任何一种掷法。

Butterfly Cut 蝴蝶跑位。在掷盘者面前，直接侧向跑位。

C

Call 示意。大声宣布发生了犯规、违例、受伤，或表示由于某些危险或意外需要立刻暂停比赛。包括犯规（Foul）、违例（Violation）或具体违例的名称、超时（Stall）、技术停顿（Technical Freeze）、受伤停顿（Injury）。

Callahan Point 卡拉汉得分，UPA 规则。某一方队伍在防守得分区内传盘时被对方截住飞盘，从而让对方直接得分。

Check 1. 开盘（动作）：一名防守选手触摸一下飞盘表示继续进行比赛的动作。2. 人盯人防守中，防守方选手所选择的防守对象。3. 防守自己负责的防守对象。4. 同 Marker。

Check Disc 验盘。可于比赛暂停期间提出的一种示意，以查证飞盘是否损坏或弯曲。

Check Feet 验脚。一名选手在界外接盘但是并没有意识到的情况下的一种示意。

Cheer 喝彩。比赛结束后每个队伍都有一个喝彩（简单或者复杂）。这也是比赛精神的一部分。

Chill or Be Chilly 冷静点或保持冷静。一句短语，用来告诉持盘者不要着急，耐住性子，掷个好盘。

Clear 跑开。跑出盘的飞行通道，避免阻塞。跑开通常发生在一个失败的跑位之后。

Clog 阻塞。挡住跑位通道。在队友的路线上站立或者移动，会阻碍他们的有效切入。

Cone 角标。用来标记场地的标志物

Contest 不认可，不符。如果不同意对方的示意，你可以说"不认可"。

Continuation Rule 比赛继续的规定。

Corkscrew 螺旋锥。一种类似于 Hammer 的掷法，但握盘方式是反手，因此盘出手后会变得平缓，其飞行曲线与 Hammer 相反。

Crumble 玩得很差劲。

Cutter 跑位者。队伍中的主要前场接盘手。

Cup 杯子。区域防守中的防守阵型。三名选手包围掷盘者，其中只有一人距离掷盘者十英寸以内。

Cut 跑位。一种为了接盘的跑动动作，通常包括方向的突然改变，以拉开与防守选手的距离。

D

D 英文中"防守"（Defense 或 Defend）一词的缩写。"Hard D"是在失误之后用来提醒大家集中力量组织防守的口号。

Deep 1. 前锋。通常守在被进攻得分区附近的一名防守方或者进攻方选手。2. 有时也做动词使用，表示跑向准备得分的进攻得分区。

Defending End Zone 防守得分区。当前队伍正在保护以免对方得分的得分区。

Defensive Player 防守选手。未获得盘权的队伍中的任何选手。Disc In 高声示意，表明完成验盘并继续进行比赛。

Disc Space 飞盘间距。防盘者（Marker）必须与掷盘者的身体或轴心保持至少一个飞盘直径的距离。

Double Team 双重防守。两名防守选手同时站在距离掷盘者的三米之内的范围。

Double Happiness 双喜。己方队员阻断下对方的传盘，然后立即跑位并在得分区接盘得分时的一种喜悦感。

Drop 掉盘。进攻方选手意外地将盘掉落于地面。

Dump 1. 回传：向后短传，常常是为了重新开始延迟计数。2. 指定的接回传的进攻方选手。

E

End Zone 得分区。分布在比赛场地两端，用以得分的区域。

Eso-iso，Estrogen Isolation 的缩写。专门以一名女选手为中心的进攻战术。

Establish a Pivot 定位或确定轴心。失误发生后，轴心点已经确定了。掷盘者要在轴心点处用身体的某一部分（一般是脚）确定轴心。接到盘后的掷盘者也必须在停下来后确定轴心。他们需要将身体的某一部分与比赛场地的特定的某一点一直保持接触。

F

Fast Count 计数过快。如果防盘队员在给持盘选手数秒的时候数得太快，进攻方可以示意"计数过快"。这时候防盘队员要倒回两秒再继续数。

Fake 假动作。掷盘者用来迷惑防盘者的一种动作，使防盘者相信自己会从某一方向掷盘。

Field 1. 比赛场地。2. 用于标注比赛场地边界的角标。

Fish 1. 用于鲑鱼区中，Fish 就是负责将盘往场地某一侧区域逼向的防守选手，且是唯一的防盘选手。2. 一名被搞得摸不着头脑的选手，或者不像其他选手那样能很好地跑动的选手。源于俗语"离水之鱼，不得其所"。Fish 选手经常被人家突破然后得分，也经常被窃盘。Fish 选手太菜，以至于防守谁都没有效果。Fish 也是一个相对词汇，指在高水平比赛中发现自己很菜的中等水平的选手。

Flick or Forehand 弹指法或正手。一种难而基本的掷盘法，掷盘者用中指顶着盘缘，有时也用食指支撑飞盘。

Floater 飘浮盘。在空中飘浮时间很长的高盘。

Flow 连传。进攻方选手们成功地互相传盘，向前场推进时，飞盘连续传动的状态。属于一种掷法。你可以逼内或外、逼左路或右路、逼边线、逼反手、逼弹指法、逼直线。

Foot Block 在盘从掷盘者手中飞出后，用脚阻断掉飞盘。

Force 逼向。防盘者逼迫掷盘者往特定方向掷盘。或者防盘者逼迫掷盘者采用某种特定的 Foul 犯规，比如双方选手间故意的身体接触。一般而言，最先触碰对方的选手属于犯规者。

G

Gender Across 选人。用以表示每个防守选手直接从他们正对面站立的一排进攻选手中选择同性别的防守对象。

Give-and-Go 双人战。两位选手反复地互相传盘并往前推进的一种打法。

Goal Line 得分线。区分正式比赛场地和两端得分区的线。

Goaltimate Box 玩法的一种变种，在圆形场地中将盘掷过一个大的弓形得分圈算得一分。

Go Through or Run Through 到前方或者跑前方。一项示意，用以建议选手们在失误产生后不要从地上捡盘，而是往前跑。盘一般由后方离盘最远的控盘者捡起。

Gratuitous 耍酷。用于形容展示自己但实际上并不需要的行为。例：他本来能很简单地接住盘，却非要扑一个。

Greatest（The Greatest）救盘。一名选手从界内起跳，然后在空中抓住飞盘并在身体落入界外之前将盘传给队友。这样的话，接盘者的队伍继续持有盘权。顾名思义，这算是极限飞盘比赛中最给力的一幕。

Ground 地面。包括所有坚固物体，其中有草地、角标、运动装备、水瓶、非场上人员，但不包括场上选手、场上选手穿的衣服、空中物体和雨水。

Ground Contact 触地。指的是特殊动作或事件发生后选手与地面的接触，这些动作和事件包括落地和恢复身体平衡，例如跳（Jumping）、跃

（Diving）、绊（Leaning）和摔（Falling）。

H

Hack 劈砍。一种犯规动作，你的胳膊在空中往下劈，接触到对方身体的动作。

Hammer 锤子。一种颠倒的过顶掷盘法。对于玩极限飞盘的老手而言，这是更有难度的掷法之一。

Handler 控盘者。队伍中主要的掷盘者。

Heckle 起哄。站在边线附近使用特殊用语或心理战术戏弄场上选手的行为。

High-Release 越顶掷。掷盘者越过头顶出盘的反手掷法。这种盘很难被阻断。

Ho，Horizontal 的缩写。"Going Ho"相当于扑盘。

Horizontal Stack 横排。一种队列进攻形式。

Home 主场侧。场地中的主场一侧。一般来说，参赛选手们会把自己的衣服、包等物品放在场地某一边线之外，这一边线所在场地一侧就叫作主场侧（Home），另一边线所在一侧叫作客场侧（Away）。逼主场侧指的就是逼迫掷盘者往主场一侧传盘。

Huck 长传。很远的传盘，一般至少有场地一半的距离。

Hospital Pass 任何一种可以让盘在空中停留很久的掷法。很多人会聚集在盘的下方，然后为了接住盘争先恐后地比弹跳。称其为 Hospital Pass 是因为，接盘选手们一着地，大家会一窝蜂地跑过去看有没有人受伤。

Hot 1. 形容表现较出色。2. 争夺很激烈。

I

Ibu，Ibuprofen（异丁苯丙酸，抗炎镇痛药）的缩写。极限飞盘运动员经常使用的药物。

Incidental Contact 无意身体接触。事实上不带危险性，也没有影响比赛结果的身体接触。

Inside-Out（I-O）内摆。反手时，盘掷向右边但以曲线往左飞；正手时，盘掷向左边但以曲线往右飞。

Interception 截盘。防守选手接住进攻方传出的飞盘。

Iso 禁区隔离战术（Isolation）的缩写。比赛场地中央只有一名进攻选手的进攻体系。

J

Jellyroll 果冻卷游戏。比赛结束后，两队所有选手手拉手站成一线，某一端的最后一名选手开始跑往另一端的选手，直到追上他将这条线连成一圈。

K

Knife 同 Blade。

L

Ladder 阶梯战术。在场上以连续短传推进飞盘的一种打法。

Layout 扑盘。跑动过程中，为了接住或阻断超出你一般接盘范围的飞盘而采取的飞跃动作。

Land Shark 有时候，一群选手们会捧起一个完全裸体只用飞盘挡着臀部的队员，然后开始绕着场地边跑边喊"Land Shark！"

Line 1. 每一分的争夺开始前，防守队伍的选手们在防守得分区前站成一排，让另一方选择自己的防守对象。2. 场地的边线。"No Line"的口号是提示防盘者阻止掷盘者沿边线掷盘。

Line-Force 逼边线。逼迫掷盘者只能沿着他所站的边线方向掷盘。

Look Off 掷盘者未把盘传给获得空位的接盘者。Long 同 Deep。

M

Mac，Midflight Attitude Correction 或 Mid Air Change 的缩写。在盘飞向

其他选手时，中途使其改变方向而没有接盘。

Mac Line 一种娱乐游戏，两个以上的人站成一线，一位掷盘者将盘沿着这条线掷给接盘者，线上的人只能触盘但不能接盘（Mac），一步步将盘往下传，直到接盘者接住。

Man Defense 人盯人防守。每人防守一人的防守战略（英文中也叫作Man-On-Man 或仅仅是 Man-On）。

Mark 防盘。近似于逼向（Force），但防守选手会不断移动手臂和腿，争取阻断掉持盘者的所有传盘。不允许身体接触。

Marker 防盘者。距离掷盘者三米以内的防守选手。

Mid（s）中锋，中卫。1. 负责跑位接短传（而非长传）的接盘者。2. 区域防守中，紧靠杯子后方的防守选手。在标准的区域防守中，面对进攻方，从左至右的站位分别是左路中锋（Mid-Left）、中路中锋（Mid-Mid）、右路中锋（Mid-Right）。

Middle 1. 同 Brick。2. 比赛场地的中央区域。

N

Naked Point 选手们脱去衣服开始某一分的争夺。这种行为很是振奋士气，但容易使选手在扑盘过程中受伤。

No Huck 一句口号，用来提示防盘者去转换自己的逼向方向，阻止掷盘者往某位跑位很快的进攻选手掷长传。

Non-Player 非场上人员。任何不在比赛场上的人员，包括场下队员。

O

O，Offense 的缩写。拥有盘权也被称为"On O"。

Offensive Player 进攻选手。拥有盘权的队伍中的选手。

Open Side 空挡或传盘一侧。控盘手被逼迫出盘的场地一侧。

Out-of-Bounds（OB）界外。飞盘触碰场地边界线或飞出线外，碰到界外物体，被站在场外或从场外跳入的选手接住。

Outside-In（O-I）外摆。反手时，盘掷向左边但以曲线往右飞；正手时，盘掷向右边但以曲线往左飞。

P

Perimeter Lines 边界线。区分正式比赛场或得分区与界外区域的线。边界线不属于比赛场地的一部分。

Pick 阻挡。任意一方选手跑入防守选手和被他防守的进攻选手之间时，造成的一种（违规的）故意或无意的阻塞。

Picking Up Garbage 一名选手设法去接另一位选手传得很糟糕的盘。Pipe 同 Huck。

Pivot 1. 轴转。在身体某一部位跟场地的某一点一直保持接触的前提下，往任何方向转动。2. 轴心脚。获得盘权后，掷盘者停下来或者尝试掷盘、做假动作时，身体的特定部位（一般是脚）与场地的某一点一直保持接触。

Pivot Foot 轴心脚。在面对防盘者掷盘过程中，掷盘者尝试轴转时固定不移动的一只脚（右撇子的左脚或者左撇子的右脚）。

Pivot Point 轴心点。拿到盘后掷盘者必须在赛场上确定的轴心，或是已经确定的轴心所在的点。尚未停住或还没准备转轴时，掷盘者可能还没确定好轴心。

Play 回合。发盘后和得分前的时间。一个回合可能会因"示意"而暂停，验盘后继续。

Player 选手。当前赛场上实际参与比赛的十四位（最多人数）选手之一。

Playing Field 比赛场地。包括正式比赛场地以及两个得分区，但不包括边界线。

Playing Field Proper 正式比赛场地。属于比赛场地的一部分，包含得分线，但不包含边界线和两个得分区。

Poach 窃取。1. 人盯人防守时，离开你的防守对象去防守某一片区域。2. 尝试窃取的选手。

Point 1. 一分。2. 直至得分前，某一回合的争夺。

Popper 突击手。在某一区域，不断切入切出尝试接短传的选手。

Possession of the Disc 盘权。保持与盘的接触，并使其不再旋转。接住一个传盘意味着你获得盘权。由于飞盘触底而失去飞盘，是指从此刻起这位选手不能再持有盘权。持有飞盘或允许捡起飞盘的选手所在的队伍拥有盘权。

Pull 发盘。比赛开始时或者一分结束后，一方将盘掷给另一方开始比赛的动作。

Punt 悬空盘。一个飞得很远的传盘，实际上没有接盘者，这是为了摆脱当前场上糟糕的站位形势。

Push 同 Go Through。

Push Pass 从正手方向掷出速度很慢的盘，这种盘的旋转方向与弹指法（正手）相反。

Pylon 不要误以为是角标，实际上它是指在一场比赛中从来没接过盘的选手。

R

Read 读盘。为了接盘或阻断，通过观察盘的角度、速度、方向和风的影响来判断盘的飞行。

Receivers 接盘者。除掷盘者以外的所有进攻选手。Reverse Curve 同 Outside-In。

Revs，Revolutions 的缩写。指掷盘者给飞盘创造的大量旋转。

Road Disc 已经损坏的飞盘。之前不断受到地面或柏油路面的摩擦。

Roller 出手后边缘触底并继续在地上滚动的飞盘。这种发盘方式在有风的天气下很管用。

Ro-Sham-Bo 石头剪子布。极限飞盘比赛中有时用它来决定哪一方发盘开始比赛。

Run Through 见 Go Through。

S

Savage 比赛没有替补。

Scoober 一种颠倒着的反手掷法，出盘位置位于发力肩部的前方。

Scorpion 蝎子。完成得不是很好的扑盘动作。前胸或面部先着了地，导致背部弓起，双腿飞向头部。

Scurvy 发生在防守选手身上的一种尴尬事件。持盘者突破防盘者的假动作做得十分糟糕，而防盘者确信盘已经出手。

Self-Check 自开盘。没有防守选手在附近时，掷盘者用盘触底，表示比赛继续进行的动作。

Snack Food 快餐。一种飞得又高又远的盘，至少绕过了一名防守选手并且容易被截断。

Spirit of the Game（SOTG）比赛精神。极限飞盘运动以其各方面固有的体育道德为根本原则，要求选手们自行负责比赛的公平进行。

Stack 队列。一种进攻战略。所有选手站成一线（经常是在场地中央）为跑位创造空间，然后交替切入空挡。常见的有横排和竖排两种队列。

Stall Count 延迟计数，计时。防盘者防守掷盘者时用可以让对方听见的声音计数。如果掷盘者在数字"Ten"的"T"出声前没有出盘，则算失误。

Stall-Out 超时。

Stoppage of Play 比赛停顿。由于犯规、违例、争论、暂停导致的停顿，这要求验盘或自开盘来继续进行比赛。停顿时间是从拥有盘权的选手响应示意时开始。如果这位选手是在示意之后才获得盘权，停顿从他接住飞盘的时刻开始。这时候盘权不可转换，除非根据继续比赛的规定判定发生了失误。

Straddle 跨越轴心。一项违例，防盘者的双脚横跨掷盘者的轴心。

Strike 1. 防守时，进行长距离跑位。2. 同 No Huck。

Strip 剥盘。防守选手拍打或者夺走进攻选手手中的飞盘。

Stupidest（The Stupidest）救盘失误。尝试救盘（The Greatest）时产生的判断失误。某位选手从界内起跳，在空中接住飞盘并且掷向了场地中央的无人区域（盘落地导致失误），结果自己依然落入界内。称其为"The Stupidest"是因为这名选手如果不掷出飞盘，将会保持盘权。

Swing 1. 传中。盘从场地一侧传到另一侧（横向传盘）。这种传盘的目标不是往得分线附近推进，而是将进攻重点转移到场地另一侧或者重新开始对手的延迟计数。2. 负责接横向传盘的选手。

Sweet 同 Hot。

Swill 掷得很糟糕的盘。这种盘缺乏旋转，接盘者很难接住。

Switch 换防。两位防守选手交换自己的防守对象。

Swoopie 同 Air Bounce。

Sky 比其他选手跳跃至更高处，抓住或者断下飞盘。

T

Taco 玉米卷。形状扭曲的飞盘，掷出后在空中摇晃不定。如果是在比赛过程中，飞盘允许弄直或者替换。

Throw 掷盘，扔盘，传盘。1. 名词。在假动作和掷盘动作之后离开掷盘者的飞盘。2. 动词。是指掷盘者施力于飞盘并使盘飞出去的动作，其中不包括轴转和准备动作。

Thrower 掷盘者，掷盘选手。拥有盘权的进攻选手，或飞盘在空中时刚刚扔盘的选手。

Thumber 拇指法。类似于锤子（Hammer）的一种掷盘法，但握盘时拇指置于盘的底部。这是一种高级的颠倒盘掷法，在激烈的比赛中很少使用。

Time Cap 时间限制。

Time Out 暂停。

T-O，Turnover 的缩写。

Tomahawk 战斧。同 Blade 或 Hammer。

Top 三人组成的"杯子"中，处于杯子中央阻止掷盘者往前传盘的防守选手。

Trap 诱阻。在边线附近防守持盘的进攻选手时，逼迫他只能从边线一侧出盘。

Travel 走步。一种违例行为。持有活盘时，掷盘者的轴心脚发生了移动。

Turn，Turnover 的缩写。

Turnover 失误。任何导致双方队伍交换盘权的事件。

U

Up 防盘者或者防守选手，为了提醒队友盘已处于飞行状态而高喊的口号。

Ultimate 极限飞盘。

Ultimate Frisbee 同 Ultimate。

U-D，Upside-down 的缩写。盘颠倒着的任何一种掷盘法。

Ulti-Slut 1. 为了能在更好的队伍中比赛而不断转入新队伍的选手。2. 在许多队伍中比赛的选手。

Ultimate Time 指的是一件事实——任何极限飞盘的相关活动都不会准时开始或结束。

V

Vertical Stack 纵排，竖排。见 Stack。

Violation 违例。

Virgin Plastic 新塑料。指那些从来没被使用过或撞击过人行道的飞盘。

Vitamin 同 Ibuprofen。

W

Where the Disc Stops 飞盘定位。指飞盘被接住，或停止滚动、滑动而停止的地方。

Wrapping 包夹限制。防盘者用手臂阻止掷盘者往任意方向轴转。

Z

Zone Defense 区域联防，区域防守。一种防守战略，防守方在场地各区域防守对方选手，而非紧盯接盘者。

参考文献

龚晓、徐浩远，2016，《极限飞盘》，现代教育出版社。

季浏，2006，《体育心理学》，高等教育出版社。

史蒂芬，2003，《飞盘高尔夫》，贾立强、干敏雷译，吉林大学出版社。

苏煜、尹博，2010，《极限飞盘运动》，北京体育大学出版社。

肖涛、孔祥宁、王晨宇，2016，《运动训练学》，重庆大学出版社。

Gregory, Michael Steven. 2003. *Disc Golf: All You Need to Know About the Game You Want to Play*. Trellis Publishing Inc.

Michael Baccarini, and Tiina Booth. 2008. *Essential Ultimate: Teaching, Coaching, Playing*. Human Kinetics.

Victor A. Malafronte. 1998. *The Complete Book of Frisbee*. American Trends Publishing Co.

图书在版编目（CIP）数据

飞盘运动 / 贾立强著. -- 北京：社会科学文献出
版社，2017.10（2023.12 重印）
（华东政法大学 65 周年校庆文丛）
ISBN 978 - 7 - 5201 - 1227 - 7

Ⅰ. ①飞…　Ⅱ. ①贾…　Ⅲ. ①飞盘 - 文娱性体育活动
- 基本知识　Ⅳ. ①G898.1

中国版本图书馆 CIP 数据核字（2017）第 197687 号

华东政法大学 65 周年校庆文丛
飞盘运动

著　　者 / 贾立强

出 版 人 / 冀祥德
项目统筹 / 杨桂凤　佟英磊
责任编辑 / 佟英磊　胡雪儿
责任印制 / 王京美

出　　版 / 社会科学文献出版社·群学出版分社（010）59367002
　　　　　　地址：北京市北三环中路甲 29 号院华龙大厦　邮编：100029
　　　　　　网址：www. ssap. com. cn
发　　行 / 社会科学文献出版社（010）59367028
印　　装 / 北京虎彩文化传播有限公司

规　　格 / 开　本：787mm × 1092mm　1/16
　　　　　　印　张：11.75　字　数：179 千字
版　　次 / 2017 年 10 月第 1 版　2023 年 12 月第 4 次印刷
书　　号 / ISBN 978 - 7 - 5201 - 1227 - 7
定　　价 / 59.00 元

读者服务电话：4008918866